ROMEON
VERLAG

Meine Zeit, Meine Bilder, Meine Träume

1. Auflage, erschienen 11-2020
Umschlaggestaltung: Romeon Verlag
Text: Gerhard Kühn
Fotos: Gerhard Kühn
Layout: Romeon Verlag

ISBN: 978-3-96229-194-5
www.romeon-verlag.de

Bibliografische Information der Deutschen Nationalbibliothek:
Die Deutsche Nationalbibliothek verzeichnet diese Publikation in der Deutschen Nationalbibliografie; detaillierte bibliografische Daten sind im Internet über *http://dnb.dnb.de* abrufbar.

Gerhard Kühn

Meine Zeit
Meine Bilder
Meine Träume

GK seit 1935

Mit 85 Jahren ist bald Schluss. So würde Udo Jürgens heute singen. Ich bin keine 66 mehr, habe aber nun, mit fast 86 Jahren, den Wunsch, mein langes Leben, meine ereignisreiche Zeit, meine vielen Bilder und meine großen Träume in einem Buch in Wort und Bild zu dokumentieren.

Was bleibt von mir? Es bleibt meine Familie: meine Frau, 2 Söhne, 5 Enkel. Das Leben ist fast gelebt, die Zeit ist fast vorüber, es bleiben meine über 1000 Bilder. Einige davon möchte ich in diesem Buch festhalten und zeigen. Mein langes berufliches Tun in der Werbebranche ist jetzt Staub und Asche. Ich habe kein Haus, keine Brücke gebaut, keinen Baum gepflanzt, keine große Firma gegründet, keinen Bestseller geschrieben.

Am 7. Januar 1935 wurde ich als Sohn deutscher Eltern in Libau / Lettland geboren. Die Hafenstadt an der Ostsee hatte damals ca. 100 000 Einwohner. Zu dieser Zeit, von 1918 bis 1939, war Lettland eine unabhängige parlamentarische Republik mit der Hauptstadt Riga. Die ersten Deutschen kamen Ende des 12. Jahrhunderts nach Lettland und Estland. Meine Vorfahren, das haben Familienforscher ausfindig gemacht, stammten aus Thüringen. Ein Ludwig Leonhard Kühn, geboren 1793 in Jena, wanderte um 1820 nach Riga aus. Die Deutschen waren eine Minderheit, gehörten aber zur Oberschicht und hatten großen Einfluss auf das kulturelle und politische Leben. Nach dem 1. Weltkrieg wurde der Einfluss der großen Sowjetunion auf die drei kleinen Baltenländer immer stärker.

Die dort lebenden Deutschen beobachteten die Entwicklung in Berlin und im „Deutschen Reich“ mit großer Sorge. Am 30. Januar 1933 wurde Adolf Hitler durch Paul von Hindenburg zum Reichskanzler ernannt. Unter dem „Führer“ und der NSDAP begann die schwärzeste Zeit der deutschen Geschichte. Am 9. März 1933 wurde in ganz Deutschland die organisierte Verfolgung der Juden eingeleitet. Ca. 6,3 Millionen europäische Juden verloren ihr Leben. Später erreichte die Judenverfolgung auch die drei baltischen Länder Estland, Lettland und Litauen.

Ich hatte drei Geschwister. Meine Eltern bearbeiteten ein kleines landwirtschaftliches Gut, 3 Kilometer von Libau entfernt, das den Großeltern mütterlicherseits gehörte. Der Großvater wohnte ca. 500 Meter von den landwirtschaftlichen Gebäuden in einer Villa (siehe Foto), er konnte den „Duft“ der Stallungen nicht ertragen. Von seinen Büros in Riga und Moskau betrieb er einen Weinhandel. Die geschäftlichen Verbindungen nach Portugal brachten ihm einen Konsul-Titel ein. Er machte Reisen nach Frankreich und in die Schweiz. Den Nachkommen meines

Urgroßvaters gehörten eine Druckerei und der Verlag der deutschen Zeitung in Libau. An diese Zeit bei Libau, ich war 2-3 Jahre alt, kann ich mich kaum erinnern.

Ein Großereignis erschütterte die Deutschen in Estland und Lettland. Der Hitler-Stalin-Pakt, auch deutsch-sowjetischer Nichtangriffspakt genannt, wurde von den Außenministern Ribbentrop und Molotow am 23. August 1939 in Moskau unterzeichnet. Er erklärte Ostpolen, Finnland, Estland, Lettland und Litauen zur sowjetischen Interessensphäre, Westpolen und Teile Litauens zur deutschen. Das hieß nichts Gutes für die Deutschen in Lettland und Estland.

Es folgten ereignisreiche Wochen. Am 1. September besetzte die deutsche Wehrmacht den größten Teil Polens. Das war der Beginn des 2. Weltkrieges. Hitlers Propaganda sprach vom „Lebensraum im Osten". Im Vertrag und mit geheimen Absprachen mit den Sowjets wurde die Aussiedlung großer Teile der polnischen Bevölkerung aus dem an Deutschland grenzenden Westpolen nach Ostpolen festgeschrieben. In dem freigewordenen, besetzten „Lebensraum" wollte die deutsche Administration nun einen Teil der ca. 78 000 Baltendeutschen aus Lettland und Estland ansiedeln. Die politischen Geschehnisse waren beunruhigend.

Gewaltige Veränderungen erwarteten uns. Beängstigende Nachrichten aus Berlin und Gerüchte sorgten für Aufregung. Nach dem Ende des Blitzkrieges gegen Polen, am 28. September 1939, begann die Umsiedlung. Es hieß, wir würden mit einem Frachtschiff über die Ostsee ins „Reich" transportiert werden. Die Umsiedler saßen auf gepackten Koffern, verkauften oder verschenkten Hab und Gut und warteten auf den Aufbruch in eine ungewisse Zukunft.

Dann, am 8. November 1939, wurde uns mitgeteilt, dass in 2 Tagen unser Schiff den Hafen von Libau verlässt. Das Unglaubliche wurde nun bittere Wahrheit.

Wir nahmen Abschied von den Zurückbleibenden, von unserem Hund Moppel und von den Großeltern, die einen Möbeltransport mit der Bahn organisiert hatten. Vor der Abreise mussten meine Eltern noch einige Formalitäten erledigen. Sie unterschrieben ein Papier, dass sie ab sofort aus dem lettischen Staatsverbund ausscheiden und somit die lettische Staatsbürgerschaft verlieren. Das Schiff war ein Bananenfrachter und beeindruckte uns Kinder sehr (siehe Foto). In den großen zweistöckigen Räumen fanden einige hundert Personen und ihr Gepäck Platz. Wir richteten uns auf den Strohsäcken so einigermaßen ein. Als die Abfahrtssignale verklungen waren und das Schiff ablegte, begann die Schiffskapelle „Nun ade, du mein lieb Heimatland" zu spielen. Die Silhouette von Libau verschwand langsam im grauen November-Nebel.

Meine Großeltern mit meiner Mutter, 1907

Das Haus meiner Großeltern in Donnerhof, 3 Km von Libau, erbaut 1912

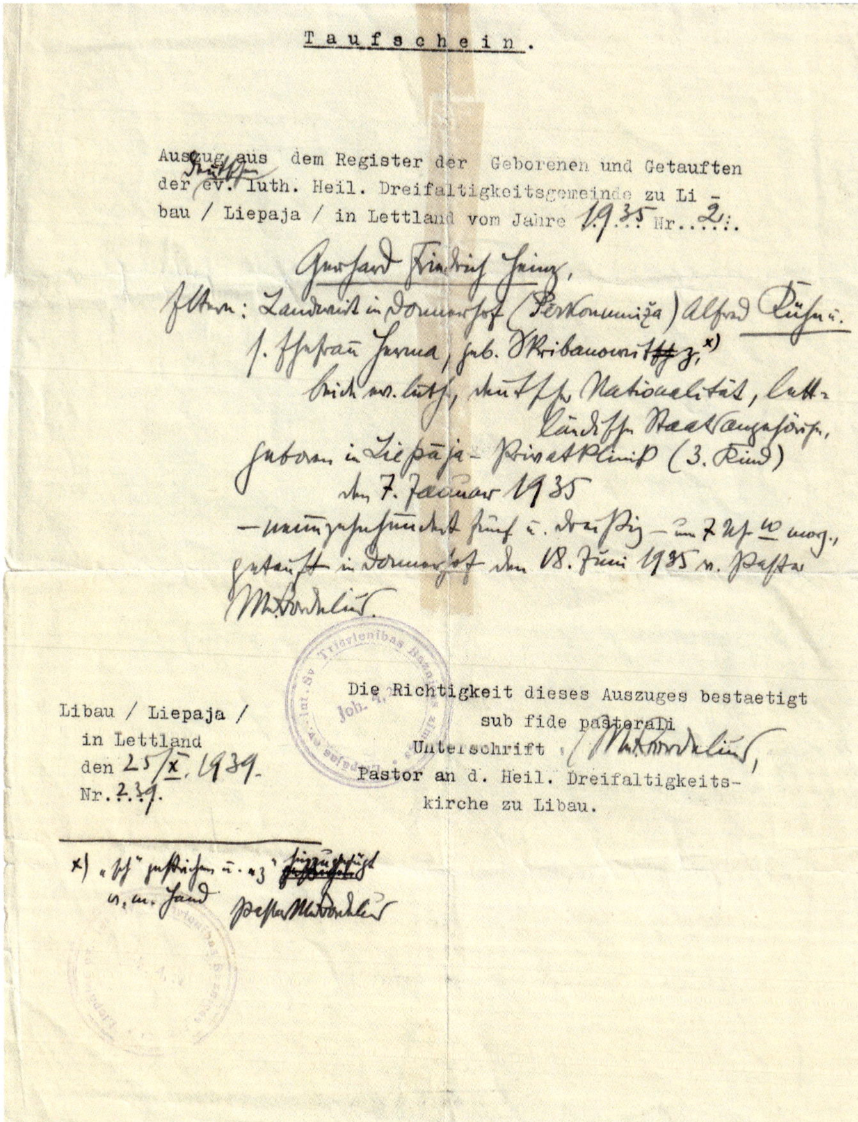

Taufschein.

Auszug aus dem Register der Geborenen und Getauften der ev. luth. Heil. Dreifaltigkeitsgemeinde zu Libau / Liepaja / in Lettland vom Jahre 1935 Nr. 2.

Gerhard Friedrich Heinz,

Eltern: Landwirt in Donnerhof (Pērkonmuiža) Alfred [illegible] u. s. Ehefrau Irma, geb. Skribanowitz,*)

beide ev. luth., deutscher Nationalität, lettländischer Staatsangehörigkeit,

geboren in Liepaja – Privatklinik (3. Kind)

am 7. Januar 1935

– neunzehnhundert fünf u. dreißig – um 7 Uhr 10 morg.,

getauft in Donnerhof den 18. Juni 1935 v. Pastor [illegible].

Libau / Liepaja / in Lettland den 25/X. 1939. Nr. 239.

Die Richtigkeit dieses Auszuges bestaetigt sub fide pastorali

Unterschrift: [illegible],

Pastor an d. Heil. Dreifaltigkeitskirche zu Libau.

*) [illegible]

Mein Taufschein. Haustaufe in Donnerhof am 25. Oktober 1939

Wolfgang, Gerhard, Liselotte auf dem Deck der „Brake“, einem Bananendampfer, auf der Ostsee von Libau/ Lettland nach Stettin. 1939

Deutsches Reich

Einbürgerungsurkunde

Der Alfred Kühn

in Posen, geboren am 22. April 1901

in Fellin/Estland, sowie seine Ehefrau

Herma,

geborene Skribanovitz, und folgende von ihm kraft elterlicher Gewalt (§ 1626 BGB.) gesetzlich vertretene Kinder:

1. Liselotte, geboren am 24. Mai 32 in Libau,
2. Wolfgang, " " 3. Dez. 33 " Libau,
3. Gerhard, " " 7. Jan. 35 " Libau,
4. Ursula, " " 26. Juli 38 " Donnerhof

haben mit dem Zeitpunkt der Aushändigung dieser Urkunde die deutsche Staatsangehörigkeit (Reichsangehörigkeit) durch Einbürgerung erworben. Die Einbürgerung erstreckt sich nur auf die vorstehend aufgeführten Familienangehörigen.

Posen, den 16. November 1939

Der Reichsminister des Innern

Der Sonderbeauftragte

I. V.

[Unterschrift]

Gebührenfrei

Tgb.-Nr. 21053

F 25 (11.38)

Reichsdruckerei, Berlin

Einbürgerungsurkunde. Seit 16. November 1939 Deutscher (Reichs) Bürger

Nach einer dreitägigen Fahrt bei heftigem Sturm und starkem Wellengang, erreichten wir den Hafen von Stettin. Ein Chor und eine Musikkapelle empfingen uns. Begrüßungsreden wurden gehalten, dann durften wir endlich von Bord. Ein Zug brachte uns nach Posen, einer polnischen Großstadt, ca. 270 km östlich von Berlin. In Posen wurden wir in den Messehallen wieder mit Musik und Begrüßungsreden („Heim ins Reich") empfangen. Lange Tische waren weiß gedeckt. Es gab Kaffee und Kuchen. Wir waren überrascht über die herzliche Begrüßung und die gute Organisation.

Einige Tage verbrachten wir in einem Lager. Mein Vater und meine beiden älteren Geschwister wurden von uns getrennt. Meine Mutter kam mit mir und meiner jüngeren Schwester ins sogenannte Mukilager (Mutter und Kind). Etliche Formalitäten mussten erledigt werden, unter anderem erhielt mein Vater in einem feierlichen Akt eine Einbürgerungsurkunde (siehe Foto). Bisher hatten wir die lettische und die deutsche Staatsbürgerschaft, jetzt nur die deutsche.

Zu allen Aufregungen kam noch ein Unglück hinzu. Ich bekam erhöhtes Fieber. Der Lagerarzt stellte Scharlach fest. Im Mukilager brach Panik aus. Meine Mutter wurde beschimpft, dass sie mit ihren Kindern solch eine tückische, ansteckende Krankheit ins Lager eingeschleppt habe. Der Lagerarzt ordnete eine sofortige Einlieferung in ein Krankenhaus ein. Wegen der Wahrscheinlichkeit einer Infektion kamen auch meine Geschwister in das gleiche Krankenhaus in Quarantäne. Ein polnischer Arzt untersuchte mich. Meine Eltern waren in großer Sorge. In Posen war alles so fremd. Die Menschen, deren Sprache wir nicht verstanden, die sich uns gegenüber nicht ohne Grund, feindlich verhielten. Die Stadt und das ganze Land wurden ja erst vor einigen Wochen von der deutschen Wehrmacht besetzt. Natürlich hatten sich auch meine Geschwister angesteckt. Ich bekam noch Masern und Mittelohrenentzündung dazu, mein Bruder Diphtherie. Meine Mutter schilderte später die Zeit als die schlimmste ihres Lebens. Wir Kinder waren im Krankenhaus und meine Mutter zog in das Lager zu meinem Vater.

Eines Tages wurden die Lagerinsassen in einen großen Raum gerufen und es wurde uns mitgeteilt, wohin wir kommen würden. Wir 4 Kinder blieben noch im Krankenhaus. Alle Ortsnamen waren uns natürlich völlig fremd. Wir kamen in den Kreis Obornick, ca. 30 km von Posen entfernt. Beide Städte lagen an der Warthe und die Region hieß „Warthegau". In Bussen wurden die Familien in ein Dorf nahe der Kreisstadt gebracht. Von hier ging es weiter in Pferdefuhrwerken zu den verschiedenen Höfen. Die Anspannung war groß, wie würde unser neues Zuhause aussehen? Am 21. November, also 11 Tage nach dem Verlassen unseres Hofes in Lettland, standen meine Eltern nun in einem fremden Land, in einem fremden Dorf, auf einem fremden Hof, in einem fremden Haus. In so kurzer Zeit hatte sich unser Leben total verändert.

Unser neues Zuhause war ein großes, geräumiges Wohnhaus mit zwei Holz-/Glasveranden, eine zum Garten und eine zum Hof. Im oberen Stockwerk befanden sich 9 Gästezimmer. Zu dem Hof gehörten Stallungen mit allen Tieren eines Bauernhofes und Geräten, sowie etwa 260 Morgen landwirtschaftliche Flächen. Erstaunt waren meine Eltern, als sie erfuhren, dass die polnischen Hofbesitzer noch vor zwei Tagen hier gewohnt hätten. Sie mussten von heute auf morgen unter Zwang Haus und Hof verlassen. Wir waren froh über ein neues Zuhause, aber es war den Deutschbalten bewusst, was für ein Leid die Deutschen mit dem Krieg über Polen gebracht hatten.

Es war ein sehr kalter Winter. Meine Eltern begannen, sich um den Alltag zu kümmern. Die Tiere mussten versorgt werden. Mithilfe der beiden polnischen Haus- und Küchenmädchen und dem Hofarbeiter Pjotr klappte es, trotz Sprachproblemen. Abwechselnd fuhren meine Eltern jede Woche zu uns nach Posen ins Krankenhaus. Meinen 5. Geburtstag musste ich im Krankenhaus verbringen. Mitte Januar durften meine Geschwister in das neue Zuhause, nach Rundhausen. Ich kam erst Anfang Februar zurück in den Kreis der Familie.

Die 5 Kriegsjahre haben wir Kinder in bester Erinnerung. Wir wurden nacheinander eingeschult. Im Nachbardorf gab es eine deutsche Volksschule. Die stand neben der polnischen, aber zu den Kindern hatten wir keine Kontakte. Heute ist es unverständlich, wenn ich sage, ich habe 5 Jahre in Polen gelebt und kann kaum ein Wort Polnisch. Wir haben immer nur mit Deutschen Kontakt gehabt. In den Dörfern gab es einige deutsche Bauernhöfe, auch große Güter, Brennereien, ein Sanatorium, Gasthäuser. In der Kreisstadt gab es einen Kolonialwarenhändler, eine Apotheke und deutsche Ärzte. All diese Deutschen lebten schon seit Generationen in Frieden mit den Polen, so wie wir in Lettland mit den Letten gelebt haben. Die Städte und Dörfer hatten polnische und deutsche Namen. Nach der Ansiedlung der Balten-Deutschen aus Lettland und Estland hatte Hitler sein Ziel, die Germanisierung Westpolens, teilweise erreicht. Mithilfe deutscher Fachkräfte, Beamten, Politikern, des großen Parteiapparates der NSDAP und der Wehrmacht wurde diese weiter ausgebaut.

Das weltweite furchtbare Kriegsgeschehen spürten wir nur daran, dass mein Vater zur Wehrmacht eingezogen wurde. Unsere Familie lebte nun, wie unzählige andere Familien auch, mit der Angst um den Vater. Meine Mutter musste allein, mithilfe der polnischen Helfer, den Hof, die Landwirtschaft, die Pensionsgäste und die Familie versorgen.

Im Sommer waren wir immer eine große Familie, denn wir hatten viele Gäste mit Kindern. Unter den Balten und den Verwandten sprach es sich herum, wie schön es bei uns auf dem Lande mit dem Bauernhof, den Tieren, den Wäldern und Flüssen ist. In einem Sommer waren wir 23 Kinder, die zum Teil über dem Stall auf dem Heuboden schliefen. Die Mütter organisierten allerhand Feste und Wettkämpfe. Kindergeburtstage und die Sonnenwendfeiern waren die Höhepunkte. An diese Jahre denke ich mit großem Glücksgefühl zurück. Trotz des Krieges war es für meine Geschwister und mich eine wunderschöne Kindheit.

In den Sommer- und Herbstmonaten des Jahres 1944 zeichnete sich schon der Untergang des „Deutschen Reiches" ab. Wir Kinder merkten wenig davon. Aber die Unruhe unter den Erwachsenen war groß. Aus dem Radio hörten sie die Sondermeldungen aus Berlin, in den Wäldern bildeten sich polnische Partisanengruppen, auf den abgeernteten Feldern wurden Schützengräben ausgehoben und es fanden Schießübungen der alten Männer vom „Volkssturm" statt. Das letzte Weihnachtsfest in der liebgewonnenen neuen Heimat verbrachten wir im Kreise der Familie und mit den polnischen „Knechten und Mägden". So nannte man sie damals. Die Familie war recht groß geworden. Seit den Sommerferien hatten wir zwei baltische Mädel als Dauergäste. Sie flüchteten vor den Bombenangriffen auf Berlin. Zur Freude meiner Mutter feierten wir seit Jahren wieder ein Weihnachtsfest mit unseren Großeltern, die aus Posen angereist waren. Den 7. Januar 1945, meinen 10. Geburtstag, feierten wir in gewohnter Weise. Ich bekam eine Blecheisenbahn mit Schienen, einer Lok zum Aufziehen und drei Waggons. Es blieb mir nur eine kurze Spielzeit, denn am 20. Januar verließen wir Haus und Hof. Die Deutschen wurden aufgefordert, sich auf eine Flucht ins „Reich" vorzubereiten. Meine Mutter ließ ein Pferdefuhrwerk mit Lebensmitteln, Kisten, Getreidesäcken und Koffern beladen. Warme Betten und Decken sollten uns vor der Kälte schützen. Die Aufregung war groß. Ein Treck unter militärischem Schutz musste organisiert werden. Pläne wurden bekanntgegeben und wieder verworfen. Die Front rückte näher, in der Ferne hörten wir leisen Kanonendonner. Nachts wetterleuchtete es im Osten vom Kriegsgeschehen. Jetzt war die Frage, Treck, das hieß Pferdewagen, oder Zug. Am 20. Januar, um die Mittagszeit, kam die Nachricht, ein Güterzug würde am Abend den Bahnhof von Obornick verlassen. Meine Mutter entschied sich, nach einigen Telefonaten mit Bekannten in der Stadt, den Zug zu nehmen, der schien ihr sicherer. Wir durften nur Handgepäck mitnehmen. Von meinem neuen Spielzeug, der Eisenbahn, musste ich mich trennen. Es wurden die wichtigsten Dinge, alte Briefe, Urkunden, alte Familienfotos, aus dem beladenen Treckwagen, in Schulranzen umgepackt. Andere Erinnerungsstücke wie Schmuck und Silberbestecke packte meine Mutter in Taschen und kleine Koffer. All diese Dinge hatten ja schon die Reise über die Ostsee vor fünfeinhalb Jahren mitgemacht. Jetzt hieß es wieder Abschied nehmen von der uns lieb gewordenen Umgebung und von den zwei treuen polnischen Mägden. Der sehr vertrauenswürdige polnische Knecht bekam den Auftrag, sich am nächsten Tag mit dem beladenen Pferdewagen dem organisierten Treck Richtung Berlin anzuschließen.

Die offenen Waggons, die sonst Schlachtvieh nach Berlin transportierten, wurden mit Stroh ausgelegt. Auf dem Bahnhof warteten frierend einige hundert deutsche Bürger, die den nahenden Kampfhandlungen entfliehen wollten. Einige Ordner mit weißen Armbinden gaben Anweisungen. Unter ihnen war unser baltendeutscher Apotheker. Er kannte meine Mutter, sah die vier Kinder und gab uns einen bevorzugten, windgeschützten Platz im Waggon.

Nach langem Warten bei eisiger Kälte setzte sich der Zug gegen Mitternacht in Bewegung. Wieder waren wir Flüchtlinge, Obdach- und Heimatlose und befanden uns auf dem Weg in eine ungewisse, bedrohliche Zukunft. Unser Ziel war natürlich Deutschland und Berlin. An diese Reise haben wir sehr unangenehme Erinnerungen. Die Kälte von ca. 20 Grad war unerträglich, das Stroh war bereift und eine Waggon-Ecke wurde zur Toilette erklärt, alles ging ins Stroh. Wegen Fliegeralarm bekam der Zug in Schneidemühl keine Einfahrt in den Bahnhof. Wir standen auf offener Strecke und hatten Angst vor den Tieffliegern. In der folgenden Nacht erreichten wir Küstrin an der Oder. Einige stiegen hier schon aus. Wir wollten aber nach Berlin und dann weiter nach Potsdam. Unser Zug fuhr durch das verdunkelte Berlin, nur von einigen brennenden Häusern erleuchtet. Diesen Anblick werde ich nie vergessen.

Am Ostbahnhof versorgten uns Frauen vom Roten Kreuz mit warmen Getränken und Broten. Nach 36 Stunden hatten wir dann endlich Potsdam erreicht. Unangemeldet überfielen wir 5 Personen meinen Onkel, einen Bruder meines Vaters. Der hatte uns Ost-Flüchtlinge aber schon erwartet. Nach einer Woche zogen wir um in die Wohnung meines anderen Onkels, auch ein Bruder meines Vaters. Um den Bombenangriffen zu entkommen, hatte er seine Familie zu Verwandten aufs Land nach Hettstädt geschickt. Zu allem Unglück bekam mein Bruder noch hohes Fieber und musste ins Krankenhaus. Meine arme Mutter, sie hat Unglaubliches aushalten müssen. Die vielen Ämtergänge; Lebensmittelkarten beantragen, An-, Ab- und Ummeldungen, Krankenhausbesuche in einer fremden Großstadt und alles zu Fuß, denn Busse und Straßenbahnen fuhren selten.

Zu unserer aller Freude stand eines Tages überraschend mein Vater vor der Tür. Er hatte nach einer Verwundung an der Ostfront in Wien im Krankenhaus gelegen und nun 14 Tage Genesungsurlaub bekommen. Meine Mutter war erleichtert. Meine Eltern forschten nun, wo die Flüchtlingstrecks aus Polen gestrandet sind. Es hieß in Pritzwalk in der Prignitz, ca. 100 Kilometer nördlich von Berlin. Nach langem Abwägen beschlossen meine Eltern, Potsdam zu verlassen, in der Hoffnung unseren Treckwagen und einige Bekannte aus unseren Dörfern und der Stadt Obornick dort zu finden. Ein Grund für die Entscheidung war auch die Angst vor den Bombenangriffen auf das nahe Berlin und eventuell auch auf Potsdam. Potsdam wurde bisher von den Bomben verschont. Man sagte, in dieser schönen Stadt wollen die Siegermächte nach dem Kriegsende residieren. Wir packten also wieder unser Hab und Gut. Am nächsten Morgen sollte unsere Wanderung über Umwege um Berlin nach Pritzwalk weitergehen. Da passierte erneut ein Unglück. Am Abend gab es Bombenalarm. Mein Vater glaubte an die Gerüchte vom Verschonen der Stadt. Wir hörten ja oft das Brummen der Bombengeschwader auf dem Weg nach Berlin. Es war nie etwas passiert. Wir blieben alle in den Betten. Plötzlich ein riesiger Knall, Krachen der Fensterrahmen und dichte Staubwolken. Mein Vater packte meinen noch geschwächten Bruder in Decken und stürzte mit uns treppab in den Luftschutzkeller. Zu unserem Erstaunen folgten keine weiteren Detonationen. Es hieß später, es war ein einzelner Notabwurf. Doch Potsdam blieb nicht verschont. Drei Wochen vor Kriegsende wurden der Bahnhof und große Teile der historischen Altstadt zerstört. Unsere Abreise verzögerte sich durch die Aufräumarbeiten und das Abdichten der Fenster um 2 Tage. Bei Dunkelheit kamen wir in Pritzwalk an. Auf dem Bahnhof wurde uns gesagt, im Hotel Jacobs sei ein Flüchtlingslager. Im großen Festsaal saßen und lagen viele Flüchtlinge auf Strohsäcken.

Wir hatten Glück und mussten nicht in der Massenunterkunft auf dem Strohlager schlafen. Mein Vater war in Offiziersuniform, so behandelte man uns wohl etwas zuvorkommend. Wir erhielten 2 kleine Hotelzimmer. Das eine hatte kein Fenster, das andere keine Heizung, aber wir waren doch dankbar für diese Bleibe. Am nächsten Tag mussten meine Eltern zu den Ämtern. Meldeamt, Polizei, Lebensmittelkartenstelle. Zum Mittagessen gingen wir in ein Restaurant. Dort wurden uns gleich einige Fettmarken von der Karte abgeschnitten. Bei jedem Einkauf wurden, außer dem Geld, die Lebensmittelkarten verlangt. Auf dem Wohnungsamt bemühten wir uns um ein Privatquartier. Einige Angebote kamen aus den Dörfern. Die waren aber nicht annehmbar. Nach einigen Tagen erhielten wir vom Amt eine Adresse bei einer alleinstehenden Lehrerin. Bei dieser sehr netten Frau wohnten wir 3 Monate in einem großen, schönen Zimmer mit Küchenbenutzung. Der Genesungsurlaub meines Vaters ging zu Ende. Der Abschied fiel uns sehr schwer, denn meine Eltern sahen wohl das Kriegsende nahen. Auf unseren Treckwagen aus Polen warteten wir vergeblich.

Meine älteren Geschwister gingen jetzt wieder in die Schule. Ich konnte noch nicht, die untersten Klassen hatten keinen Unterricht, denn im Schulgebäude war ein Lazarett für verwundete Soldaten und kranke Flüchtlinge eingerichtet. Des Nachts heulten oft die Sirenen und wir hörten das Brummen der Bomber. Dann hieß es, ab in den Luftschutzkeller. Die Flieger waren auf dem Weg nach oder von Berlin. Bomben fielen aber keine, denn Pritzwalk war eine unbedeutende Kleinstadt, mit einer unbedeutenden Tuchfabrik.

Das Leben war in den letzten Wochen des Krieges katastrophal. Die Lebensmittel wurden knapp. An den wenigen Läden bildeten sich lange Schlangen und die Letzten wussten nicht, ob sie noch etwas abbekommen. Wir zogen mit einem geliehenen Handwagen in den Wald und sammelten Holz und Reisig. Wir Kinder klagten über Hunger. Meine Mutter war immer unterwegs, auch auf den Dörfern, um etwas Essbares aufzutreiben. Es gab nette Bauern und wir sprachen ja die gleiche Sprache.

Es war April, die Winterkälte wich den ersten wärmenden Sonnenstrahlen. Das 3. Reich und Hitlerdeutschland gingen dem Untergang entgegen. Die Rote Armee hatte schon die Oder überschritten. Immer öfter flogen des Nachts russische Tiefflieger über die Prignitz. Dann erreichte der grausame Krieg doch noch die Stadt. Am 15. April, am späten Abend, gab es einen grellen Lichtschein, einen fürchterlichen Krach, eine starke Detonation mit folgenden vielen kleinen

Explosionen. Es waren keine Bomben aus der Luft, es waren Bomben, die auf dem Transportweg zur Ostsee auf einem Munitionszug lagen. Ein Tiefflieger beschoss den Zug, das Unglück nahm seinen Lauf. Wir wohnten ca. 700 Meter vom Güterbahnhof entfernt. Wir Kinder schliefen schon, meine Mutter stopfte Strümpfe bei Kerzenschein. Die Druckwelle hatte 2 Fensterrahmen herausgerissen. Sie fielen teilweise auf das Bett meines Bruders. Alle Fenster am Haus waren zerstört, überall lag Glas, auch in den Betten. Der Himmel Richtung Bahnhof war vom Feuer erleuchtet, das Dach der kleinen katholischen Kirche war fast abgedeckt. Erschrocken stürmten wir in den Luftschutzkeller, wo alle Hausbewohner sich verängstigt trafen. Keiner wusste, was geschehen war. In den nächsten Tagen erfuhren wir die Ausmaße der Katastrophe.

Das gut besuchte Kino am Bahnhof wurde total zerstört und brannte aus. Einige Wohnhäuser ebenfalls. Später erfuhren wir, dass ca. 200 Leute, darunter auch Soldaten, hier den Tod gefunden hatten. In unserer Unterkunft konnten wir nicht bleiben. Zu vieles war zerstört, die Nächte waren noch empfindlich kalt. In der Stadt herrschte ein heilloses Durcheinander. Viele Flüchtlinge waren auf dem Weg nach Westen über die Elbe, Soldaten suchten ihre Standorte und nun kamen noch die Obdachlosen der Explosionskatastrophe hinzu. Wir verließen die Stadt, in der Hoffnung, in einem Dorf ein Quartier zu finden. Nach einem langen Fußmarsch, Züge fuhren ja nicht mehr, fanden wir bei einer gutherzigen Bäuerin Unterschlupf und bekamen etwas Milch und gekochte Kartoffeln. Nach 3 Nächten bat uns die Bäuerin, doch weiterzuziehen, da ihre Tochter sich angemeldet hätte.

Meine Mutter wusste keinen Ausweg mehr, so plagten wir uns wieder zurück in die Stadt. Der Versuch, im Pfarrhaus eine Bleibe zu finden, war ergebnislos. Wir kamen dann bei einem netten Pastoren-Ehepaar unter. Auf engstem Raum verbrachten wir 4 furchtbare Nächte und immer wieder kam der widerwärtige russische Tiefflieger und schoss in die verdunkelten Häuser. Tagsüber war meine Mutter in dem Haus, in dem wir die Explosion erlebten und half bei den Aufräumarbeiten. Nun bezogen wir wieder unser Zimmer bei der netten Lehrerin. Die Fenster waren notdürftig mit Pappen abgedichtet. Die Türen fehlten teilweise. An Schlaf war nicht zu denken, es waren so viele Fremde in der Stadt, Flüchtlinge und polnische Zwangsarbeiter. Trotz des Chaos und dem sich abzeichnenden Kriegsende bekam meine Mutter eine amtliche Aufforderung vom Rathaus, am 20. April, Hitlers Geburtstag, mit mir zur Aufnahme in die Hitlerjugend im HJ-Heim zu erscheinen. So wurde ich mit meinen 10 Jahren Mitglied der „Hitlerjugend“, der HJ. Bei der Aufnahme-Zeremonie mit Fahnenappell und einer Art Schwur auf Adolf Hitler, bekamen wir einen Bezugsschein für eine Uniform-Ausrüstung. In einem Textilhaus am Marktplatz erhielt ich ein Braunhemd, ein schwarzes Halstuch mit einem geflochtenen Pappknoten. Leder war Mangelware, die dazu gehörende schwarze Hose war ausverkauft. An 2 Nachmittagen marschierte ich noch stolz bei den Übungen um das HJ-Heim, dann war es vorbei mit der Hitlerjugend.

Eines Tages, es mag der 25. oder 26. April gewesen sein, standen unangemeldet mein Onkel und meine Cousine mit ihren schwer bepackten Fahrrädern bei uns vor dem Haus. Sie waren vor 2 Tagen von Potsdam abgefahren und wollten sich Richtung Westen über die Elbe zu ihrer Familie durchschlagen. Eine Nacht wollten sie sich bei uns erholen. Meine Mutter war sehr froh, endlich mit jemandem über unsere schwierige Situation sprechen zu können. Unsere beiden Gäste waren sehr verunsichert, sie konnten sich nicht zu einer Weiterfahrt entscheiden. Es gab Gerüchte, die Elbbrücke bei Wittenberge sei gesprengt. Radionachrichten gab es keine, an einigen Stellen in der Stadt klebten Zettel mit Nachrichten. Auf den Straßen herrschte ein heilloses Durcheinander; Pferdefuhrwerke, Militärfahrzeuge, Handkarren, Kinderwagen, Fahrräder und flüchtende Soldaten und Zivilisten schoben sich langsam in Richtung Elbe. Dann, am 30. April, endlich die Supernachricht: Hitler ist tot!

Mein Onkel und meine Cousine blieben bei uns. So waren wir zu siebent in dem einen großen Zimmer. Nachts waren wir ja oft im Luftschutzkeller, da gab es doppelstöckige Betten für uns Kinder. In der Stadt wurden sinnlose Panzersperren errichtet. Jetzt herrschte der Notstand. Ein Depot mit gespeicherten Lebensmitteln wurde gestürmt, die Leute prügelten sich um die Konservendosen. Gemeinsam mit meinem Bruder beteiligte ich mich auch an der Plünderung. Die Brennerei und die Hefefabrik öffneten ihre Lager. An der großen Menge Alkohol sollten sich die russischen Soldaten nicht berauschen. Mein Onkel hatte einige Flaschen Schnaps organisiert. Er wollte sie wohl später als Tauschobjekte benutzen. Mit meiner Mutter vergrub er sie mit anderen Wertsachen im Garten hinter dem Haus.

Die Front rückte näher. Am 1. Mai erfuhren wir, dass in einigen Dörfern vor der Stadt schon russische Soldaten gesehen wurden. Die kommende Nacht verbrachten wir im Keller und warteten ängstlich auf das, was nun geschehen würde. Durch das Kellerfenster hörten wir laute, russische Worte, Stiefelschritte und Maschinengewehrsalven. Später fanden wir Patronenhülsen im Kellerfenster. An der Haustür, die war sehr stabil, wurde laut und brutal gerüttelt.

Mein Onkel, er war der einzige Mann im Haus, öffnete die Tür. Er hatte eine Beinprothese, ein Relikt aus dem 1. Weltkrieg. Mit erhobenen Händen kam er, gefolgt von zwei bewaffneten Soldaten, in den Keller. Sie suchten nach versteckten deutschen Soldaten. Mein älterer Bruder lag im Obergeschoss eines Doppelbetts. Er hatte seine schwarze HJ-Winteruniform an, die hatte silberne Aluminiumknöpfe. Sie sah einer SS-Uniform sehr ähnlich. Die beiden Soldaten erhoben laut rufend ihre Kalaschnikows. „SS-SS-SS dawai, dawai“ (schnell, schnell). Mein Bruder stieg von seinem Bett. Da stand nun ein zwölfjähriger, kleiner Junge in schwarzer Uniform vor den Russen. Die riefen “malinki Maltschik“ (kleiner Junge) und waren beruhigt. Sie gingen wieder und durchsuchten die anderen zwei Etagen des Hauses. Es kamen immer wieder Soldaten in den Keller, die riefen laut Uri, Uri, Frau, Frau. Eine junge Frau, die Hausbesitzerin, wurde mit vorgehaltener Maschinenpistole in die obere Etage abgeführt. Später kam sie weinend zurück in den Keller.

Nach dieser furchtbaren Nacht entschlossen sich meine Mutter und mein Onkel, Pritzwalk zu verlassen. Die vielen Russen und die noch versteckten deutschen Soldaten machten die Stadt zu gefährlich. Beladen mit Decken und etwas Lebensmitteln wanderten wir über Nebenstraßen in Richtung Wald. Hier erhofften wir uns Verstecke. Zwei ungemütliche, nasse Nächte verbrachten wir in einem Gebüsch, dann zogen wir weiter, bis wir in einem überdachten Wildfutterhäuschen eine Bleibe fanden. Wir konnten kaum schlafen. Mein Onkel hatte seine Prothese abgeschnallt, er hatte starke Schmerzen an seinem Bein. Ich sehe noch die abgeschnallte Prothese am Futterkasten stehen. Große Angst standen wir aus, als plötzlich 2 bewaffnete deutsche Soldaten vor uns standen. Aber die suchten auch nur ein Versteck und ein Dach über dem Kopf. Mein Onkel war nun sehr beunruhigt, wenn eine russische Patrouille uns findet, gibt es eine Schießerei. Nach einer kurzen Pause zogen sie aber weiter, Richtung Westen, sie wollten über die Elbe.

Am frühen Vormittag erklärte meine Mutter, sie wolle zu dem Bauernhof gehen, den sie am Vortag in der Ferne gesehen hatte. Unsere Lebensmittel waren fast aufgebraucht. Mein Onkel sollte bei uns bleiben. Er bestand aber darauf, mitzugehen. Als beide den Hof erreicht hatten und meine Mutter mit der Bäuerin sprach, kamen 2 russische Soldaten durch das Hoftor. Mein Onkel befand sich ca. 10 Meter von den beiden Frauen entfernt. Er dachte wohl: 2 Soldaten, 2 Frauen. Keiner wusste, dass er immer eine kleine Ladypistole bei sich trug. Er zog die kleine Waffe und schoss auf die beiden schwerbewaffneten Russen. Vor Aufregung traf er nicht, aber die Soldaten trafen ihn mit mehreren Schüssen. Er war sofort tot. Dann verließen sie schweigend den Hof. Meine Mutter erlebte nun Höllenqualen. Es kamen Leute aus der Nachbarschaft und aus dem Haus und beschimpften sie: Sie sei schuld an der Schießerei, jetzt würden andere Soldaten kommen, das Haus durchsuchen, anstecken und alle Leute erschießen. Meine Mutter durfte den Hof nicht verlassen. Nach einiger Zeit kamen wieder Soldaten auf den Hof, die wollten aber nur Uhren. Später gruben 2 Männer hinter der Scheune eine Grube, hüllten meinen Onkel in Säcke und schlossen das Grab. Meine Mutter legte einen Wiesenblumenstrauß darauf. Nach 2 Jahren, als mein Vater aus der Kriegsgefangenschaft in Russland zu uns nach Pritzwalk zurückkam, bettete er seinen Bruder in ein Grab auf dem Friedhof um. Nach diesen furchtbaren Stunden durfte meine Mutter den Hof verlassen.

Die Bäuerin gab ihr noch einiges zum Essen für uns mit. Nun musste sie meiner Cousine den Tod des Vaters mitteilen. Es war für uns alle furchtbar.

Am 6. Mai, meine Mutter hatte ihren 41. Geburtstag, kehrten wir nach 3 Tagen bei schönstem Frühlingswetter zurück nach Pritzwalk. Von der Ferne sahen wir Rauchwolken über der Stadt. Später erfuhren wir, dass Fremdarbeiter, die als Kriegsgefangene oder Zwangsarbeiter in Deutschland arbeiteten, aus Rache und unter Alkoholeinfluss einige Häuser in der Innenstadt in Brand gesteckt hatten. In unserem Haus sah es wüst aus, alle Türen standen offen, aus den Schränken waren alle Schubladen herausgerissen und der Inhalt lag auf dem Fußboden. Soldaten und Fremdarbeiter gingen aus und ein.

Wir begannen, unser großes Zimmer etwas bewohnbar zu machen. Unsere Vermieterin war verschwunden, in ihrem Zimmer hatte sich ein russischer Offizier einquartiert. Meine Mutter, die in der Schule in Lettland bis zu ihrem Abitur Russisch gelernt hatte, konnte sich mit dem Offizier unterhalten. Er hat uns seine Hilfe und Schutz zugesagt. Er riet uns, ein Schild an die Haustür zu kleben mit der Aufschrift in russischer Sprache: „Vorsicht Tuberkulose." Nach einigen Tagen fragte er meine Mutter, ob sie Frauen kenne, die melken können. Die Soldaten hatten Kühe zusammengetrieben, die nun gemolken werden mussten. Natürlich konnte sie melken und Russisch konnte sie auch. Sie wurde gleich zur Obermelderin befördert und besorgte noch einige

Helferinnen. Am Stadtrand gab es einige Bauern, denen wohl auch die Kühe in den eingezäunten Wiesen gehörten. In dieser Zeit haben wir Milch im Überfluss gehabt und konnten sogar unsere Nachbarn beschenken.

Es mag Ende Mai oder Anfang Juni gewesen sein, als uns der russische Offizier mitteilte, dass wir noch am selben Tag unser Zimmer räumen müssen. Das ganze Haus und auch die Nachbarhäuser werden für die Soldaten benötigt, da in derselben Straße, in einem großen Haus, die russische Kommandantur eingerichtet wird. In heller Aufregung ging meine Mutter ins Rathaus zum Wohnungsamt. Hier wurden leerstehende Häuser oder Wohnungen zwangsvermittelt. Die ehemaligen Bewohner waren oftmals zu Verwandten Richtung Westen über die Elbe geflüchtet. Wir konnten 2 möblierte Zimmer und die Küche in dem Haus eines geflüchteten Tierhändlers beziehen. Hier fühlten wir uns sehr wohl. Wir Kinder fanden bald neue Freunde. Es war eine gesetzlose Zeit. Wir trieben uns in der ganzen Stadt herum. An langen Sommerabenden las uns meine Mutter aus den vielen Karl-May-Büchern vor, die im Regal der Wohnungseigentümer standen. Ich erinnere mich, dass manchmal ca. 10 Kinder im Wohnzimmer saßen und den Abenteuern von Winnetou und Old Shatterhand gespannt folgten.

Unser Leben bestand in der Hauptsache darin, etwas Essbares . Meine 18-jährige Cousine fand Arbeit in einer Großküche. Sie brachte täglich eine Kanne mit Suppe nach Hause. Es gab nun bald Lebensmittelkarten, aber die Lebensmittel fehlten oft. Stunden-langes Anstehen war die Folge. Mein Bruder und ich zogen umher und versuchten, irgendwo etwas Essbares zu „organisieren“. Kirschen, Pflaumen, Äpfel und Walnüsse von fremden Bäumen, Getreideähren von abgeernteten Feldern, Kartoffel-Nachlese und Zuckerrüben. Meine Mutter konnte alles verarbeiten. Die Roggenkörner wurden durch die Kaffeemühle gemahlen, aus Zuckerrüben wurde Sirup ausgekocht. So manches bekamen wir von netten Menschen geschenkt, die meine Mutter inzwischen kennengelernt hatte.

Einiges konnte sie auch eintauschen. Zum Beispiel die Schnapsflaschen, die mein Onkel im Garten vergraben hatte, sowie Schmuck und Tafelsilber. Im Garten der russischen Kommandantur lagen ca. 30 oder 40 Fahrräder. Sie waren Kriegsbeute und für den späteren Abtransport nach Russland bestimmt. Mein älterer Bruder und ich beobachteten einige Zeit dieses Fahrradlager. Es war nicht immer bewacht. An einem Abend, es war schon dunkel, kletterten wir über den Zaun und klauten ein Rad und am nächsten Abend noch eines. In einer abgelegenen Nebenstraße lernten wir auf geklauten Damenrädern das Radfahren. Wir fuhren im Stehen, da der Sattel für uns zu hoch war. So manch einen Sturz haben wir überlebt. Eines Tages fanden wir bei einer Radtour zu einem nahen Dorf ein Pferdefuhrwerk im Straßengraben. Kein Kutscher, kein Gaul waren zu sehen.

Da erinnerten wir uns an den betrunkenen Soldaten auf dem Pferd, der uns begegnet war. Der hatte wohl den Wagen in den Graben gefahren. Wir waren neugierig und schauten unter die Abdeckung der Ladung. In einer Holzkiste lagen ca. 20 Brote, die noch warm waren und herrlich dufteten. Uns war klar, wir klauen einige. Es war ja Mundraub. Aber wie transportieren? Wir zogen unsere Hemden aus und knoteten sie zu 2 Säcken. Auf dem Fahrrad schoben wir unsere Beute nach Hause. Meine Mutter nahm das Diebesgut erfreut an und eine Strafe gab es auch nicht.

Eines Tages, es waren wohl 2 Monate vergangen, erschien der Wohnungsinhaber und teilte uns mit, dass er bald seine Familie zurückholen würde, und wir die Wohnung verlassen müssten. Wieder mussten wir uns nach einer neuen Bleibe umschauen. Beim Wohnungsamt verwies man uns auf die stark beschädigten Wohnungen in Bahnhofsnähe, die durch die starken Explosionen im April aber kaum bewohnbar seien. Voller Optimismus entschied sich meine Mutter für eine 3-Zimmerwohnung im 3. Stock eines Mehrfamilienhauses. Sie sah furchtbar aus. Keine einzige Fensterscheibe war heil, eine Wand hatte einen großen Durchbruch, der Kachelofen war zusammengestürzt, die Küche hatte einen durch gefaulten Holzboden, Toiletten waren Plumpsklos auf dem Hof. Wir waren ja nicht sehr verwöhnt, wir lebten immer auf dem Lande ohne Wasserspülung. Es war Ende September, die kalte Jahreszeit lag vor uns und Fensterglas gab es keines. Voller Optimismus griff meine Mutter zu. Damals ahnte sie nicht, dass sie, und später mit meinem Vater, 17 Jahre hier wohnen würde. Auch ich lebte 10 Jahre in dieser Wohnung, es war meine Jugendzeit.

Jetzt benötigten wir viel Kraft und Zeit, um unser Heim einigermaßen wohnlich zu gestalten. Der Schwerpunkt waren die Fenster. In einem zerstörten Haus in der Nähe war ein Fotostudio. Auf der Straße und im Vorgarten lagen eine Unmenge Fotoplatten. Diese postkartengroßen Glasscheiben holten wir und weichten die Beschichtung ab. Irgendwo fanden wir Pappe, in die wir die kleinen Scheiben einsetzten. Vieles besorgten wir aus Trümmerhäusern. Aus Matratzen, Brettern und Ziegelsteinen wurden Schlafpritschen.

In leerstehenden, ausgeplünderten Häusern oder Wohnungen fanden wir so manches Brauchbare. Der Winter war furchtbar. Wir gingen auch wieder zur Schule, aber nur 2 Stunden am Tag, da die Räume nicht beheizt waren. Schulspeisung gab es nur für Bedürftige, es gab ein Roggenbrötchen und einen Blechnapf Milchsuppe mit Graupen. Die Graupen sahen den Mehlwürmern, die vereinzelt in der Suppe schwammen, sehr ähnlich. Wir sortierten sie aus der Suppe heraus und zählten sie auf die Holztische. Wer die meisten hatte, war Sieger!

Das Jahr verging mit dem täglichen Kampf ums Überleben. Kälte und Hunger im Winter 1945/46 zwangen uns oftmals zu unredlichem Tun. Ich nenne es wieder Mundraub. In der Bahnhofstraße hatten ich und meine Freunde eine strategisch wichtige Lage. Wir betätigten uns als Raubritter. Im Herbst und Winter gab es die meiste Beute. Durch unsere Straße fuhren Pferdefuhrwerke, Traktoren und Holzgas betriebene Autos mit Kohlen, Kartoffeln, Zucker- und Kohlrüben. Durch das Kopfsteinpflaster verloren die Fahrzeuge oftmals etwas ihrer Ladung. Und wenn nicht, halfen wir mit unserer „Balkenmethode“ nach. Unter ein Rad wurde schnell ein Holzbalken geschoben, von der Erschütterung fielen die Kohlen oder Rüben auf die Straße und verschwanden in unserem Sack.

Das Wohnen in der Bahnhofsstraße war auch für einen anderen „Geschäftszweig“ von Vorteil. Wir halfen den Reisenden beim Koffertragen. Es wurde viel gereist. Es waren Hamster-Reisen mit viel Gepäck. Ich war groß, stark und hatte einen kleinen Handwagen organisiert. So verdienten wir uns etwas Taschengeld. In den „Kartoffelferien“ war ich mit meinen älteren Geschwistern eine ganze Woche bei Kost und Logis auf einem Bauernhof. Die Arbeit war anstrengend, bezahlt wurde mit Kartoffeln. An einen leichteren Job denke ich noch gerne zurück. Am Bahnhof gab es eine Fuhrwerk-Waage. Die war nach den Bomben-Explosionen wieder notdürftig hergerichtet worden. Pferdefuhrwerke brachten ihre Ladungen vor dem Bahntransport auf die Waage. Meine Aufgabe war es, die Waage zu bedienen, das hieß, den Gewichte-Schieber bis zur Übereinstimmung der „Nasen“ hin und her zu schieben.

Neben Aufräumarbeiten und Ofenheizen musste ich die Waage und die Anfahrt sauber halten, also den Pferdemist aufkehren. Die Waage-Betreiberin saß in einem warmen, kleinen Raum hinter einer Glasscheibe und notierte das Gewicht. Die Bauern brachten der alten Frau manchmal kleine essbare Geschenke mit, für mich fiel auch mal was ab.

Das ersparte Geld ging zur Neige. Der Schmuck war verkauft oder gegen etwas Essbares eingetauscht. Zigaretten und Kaffee aus Paketen von Verwandten aus Amerika wurden auf dem Schwarzmarkt verkauft oder getauscht. Als meine Mutter auf dem Arbeitsamt erklärte, sie spreche Russisch, sagte man ihr, sie könne am 2. Januar als Dolmetscherin anfangen. Ihr Arbeitsplatz war eine Baracke auf dem zerstörten Bahnhofsgelände. Hier wurden die demontierten Maschinenteile der Quandt'schen Tuchfabrik für den Transport nach Russland vorbereitet. Es war eine angenehme Arbeit im beheizten Raum. In 4 Monaten waren alle Maschinen verladen. Ob die Maschinen jemals in Russland Tuche produziert haben, wurde von den Fachleuten bezweifelt. Einige Teile blieben zurück und rosteten lange Zeit vor sich hin.

Mein Vater wurde Ende November 1946 aus der russischen Kriegsgefangenschaft entlassen. Er hatte Malaria und war sehr geschwächt, aber wir waren endlich wieder eine Familie und konnten das Weihnachtsfest gemeinsam feiern.

Nach einer Erholungszeit fand er Arbeit in einer Mühle. Es war eine sehr anstrengende, körperliche Arbeit. Das Be- und Entladen der Traktoren und Pferdewagen war Schwerstarbeit, das Behandeln des Saatgutes mit irgendwelchen Beizen war wohl recht gesundheitsschädlich. So übernahm er nach 2 Jahren eine für ihn ungewöhnliche Tätigkeit als Russisch-Lehrer an unserer Schule. In der damaligen sowjetischen Besatzungszone wurde an den Schulen Russisch-Unterricht als Pflichtfach eingeführt, es fehlten aber Lehrer. Er konnte ja seit seiner Kindheit in Estland Russisch in Wort und Schrift. Wir, seine Kinder, waren überhaupt nicht erfreut, unseren Vater täglich auf dem Schulhof zu treffen. Uns entging auch nicht, dass er als Pausenaufsicht Probleme hatte, sich Respekt zu verschaffen. Russisch-Unterricht hatte ich nicht bei ihm, sondern bei Fräulein Schneider, die auch aus dem Baltikum stammte. Lange hielt mein Vater diese unbefriedigende Lehrertätigkeit nicht durch. Dafür übernahm meine Mutter Privatschüler in Russisch und Englisch. Darüber waren meine Geschwister und ich nicht erfreut. Das Wohnzimmer war oft mit einem Schüler belegt.

Die folgenden 9 Jahre verliefen nicht so spektakulär wie die vergangenen 11. Obwohl sie für meine Zukunft sehr wichtig waren. Die Schulzeit mit Lernen, Lernen und nochmals Lernen, und mit vielen schönen Erinnerungen: Ernteeinsätze und Kartoffelkäfer-Sammelaktionen, Schulfesten und Ausflügen, Sommerferien-Radtouren auf die Inseln Rügen und Usedom, in den Harz und an die mecklenburgischen Seen. Radtouren mit meinen Freunden Peter und Dieter in den Spreewald, in das Zittauer Gebirge und in die Sächsische Schweiz.

Nach 10 Jahren Schule (Mittlere Reife) begann ich 1952 eine Lehre als Schaufenstergestalter bei der Kreiskonsumgenossenschaft in Pritzwalk. Die Lehrzeit ist mir in bester Erinnerung. Durch meine 10-jährige Schulzeit war ich den anderen Lehrlingen etwas voraus. Mein Lehrbetrieb befand sich in den Räumen der ehemaligen Tuchfabrik. In den leeren Fabrikhallen, die demontierten Maschinen waren ja nach Russland verschickt, hatte sich der Konsum mit Warenlagern, Büroräumen, Fuhrpark und Werkstätten eingerichtet. In der Werbeabteilung waren wir ca. 10 Leute. Wir dekorierten die Schaufenster in allen Konsum-Filialen. Mit der Bahn, schwer bepackt, fuhren wir zu den Filialen in der ganzen Prignitz. Der Konsum war neben der HO (Handelsorganisation) zuständig für die Versorgung der Bevölkerung mit allen Bedarfsgütern.

Der private Handel wurde langsam vom Markt verdrängt. Also nicht nur mit Lebensmitteln, sondern auch mit Textilien, Schuhen, Haushaltsartikeln, Möbeln und Heimtextilien. Der Konsum hatte eigene Bäckereien und Fleischereien. Die Schaufenster dienten oft der politischen Propaganda. Mit Losungen und Sprüchen wurde das Volk auf Parteitage, 5-Jahrespläne sowie auf Gedenk- und Feiertage hingewiesen. Die regierenden Parteigrößen wurden mit Fotos verherrlicht und die große Sowjetunion als Vorbild gehuldigt. Im Lehrbetrieb betätigte ich mich aktiv in der FDJ (Freie Deutsche Jugend), in der Gewerkschaft, in der Gesellschaft für Deutsch-Sowjetische Freundschaft, in der GST war ich Mitglied, ich spielte Fußball im Sportverein „Traktor Pritzwalk" in der Jugendmannschaft. Fußballschuhe hatte ich keine, ich musste mir welche leihen. Zu den Auswärts-Fußballspielen fuhren wir bei Wind und Wetter mit dem Fahrrad oder auf dem offenen Anhänger eines Traktors. Später wurde ich aktiv in der Leichtathletikabteilung von „Empor".

Ich trainierte eifrig und hatte ehrgeizige Ziele und Träume. Nach einem Lehrgang in Potsdam bekam ich den Jugendleiterausweis. In der Betriebs-FDJ-Gruppe wurde ich in den Vorstand gewählt. Ich trug damals das gleiche blaue FDJ-Hemd wie 20 Jahre später Angela Merkel.

Ende der Schulzeit 1952, in FDJ Jacke

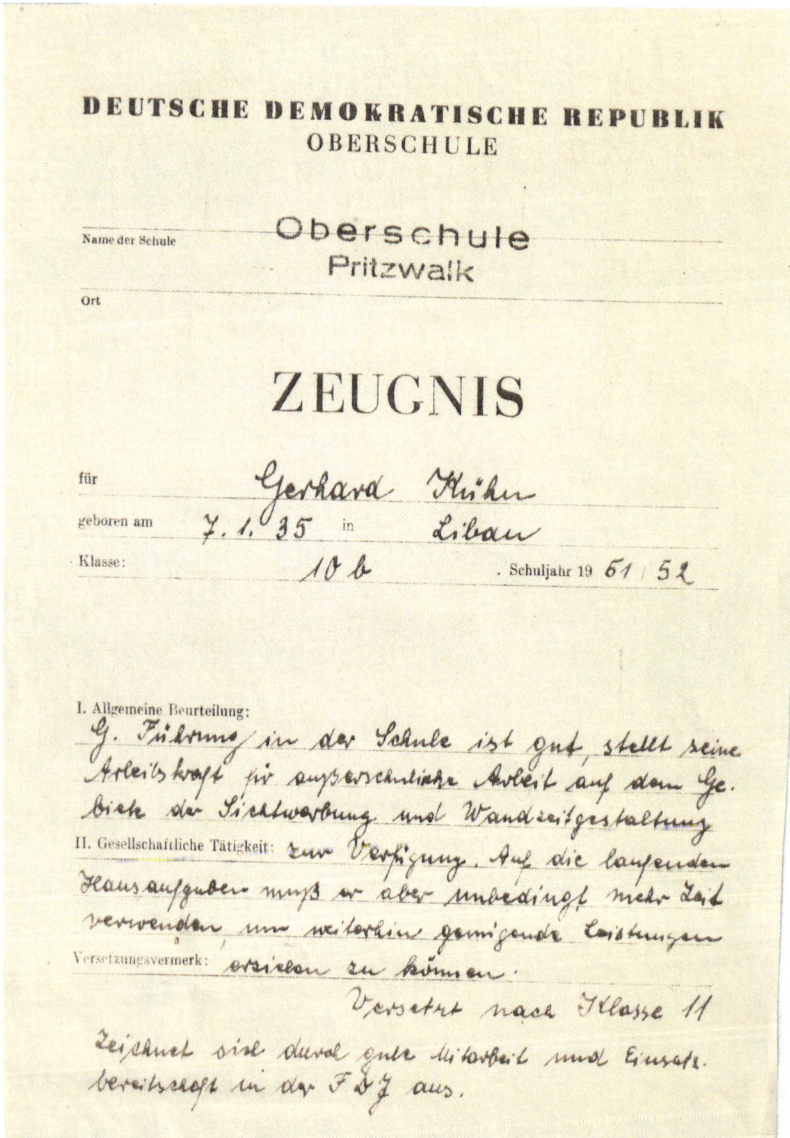
DEUTSCHE DEMOKRATISCHE REPUBLIK
OBERSCHULE

Name der Schule: Oberschule

Ort: Pritzwalk

ZEUGNIS

für Gerhard Kühn

geboren am 7. 1. 35 in Libau

Klasse: 10 b . Schuljahr 19 51 / 52

I. Allgemeine Beurteilung:
G. Führung in der Schule ist gut, stellt seine Arbeitskraft für außerschulische Arbeit auf dem Gebiet der Sichtwerbung und Wandzeitgestaltung

II. Gesellschaftliche Tätigkeit: zur Verfügung. Auf die laufenden Hausaufgaben muß er aber unbedingt mehr Zeit verwenden, um weiterhin genügende Leistungen

Versetzungsvermerk: erzielen zu können.

Versetzt nach Klasse 11

Zeichnet sich durch gute Mitarbeit und Einsatzbereitschaft in der FDJ aus.

Schul-Abschlusszeugnis 1952

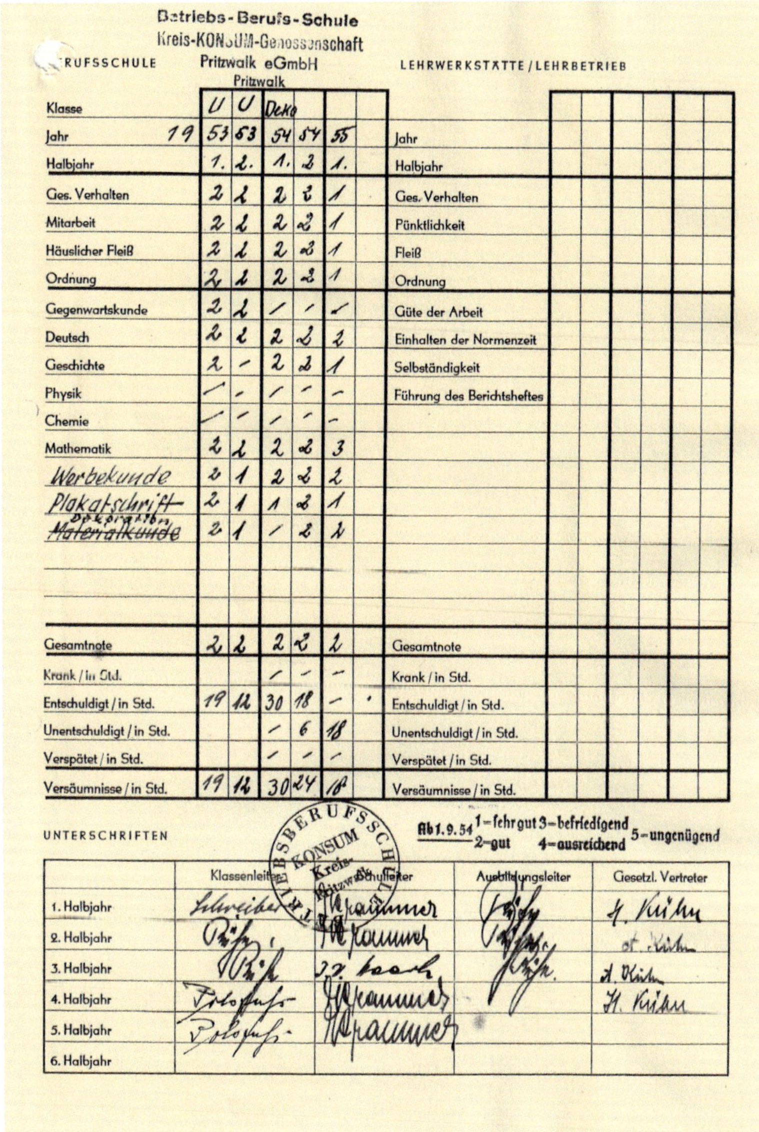

Betriebs-Berufs-Schule
Kreis-KONSUM-Genossenschaft
Pritzwalk eGmbH
Pritzwalk

BERUFSSCHULE

Klasse	U	U	Deko			
Jahr 19	53	53	54	54	55	
Halbjahr	1.	2.	1.	2	1.	
Ges. Verhalten	2	2	2	2	1	
Mitarbeit	2	2	2	2	1	
Häuslicher Fleiß	2	2	2	2	1	
Ordnung	2	2	2	2	1	
Gegenwartskunde	2	2	/	/	/	
Deutsch	2	2	2	2	2	
Geschichte	2	–	2	2	1	
Physik	/	–	/	–	–	
Chemie	/	–	/	–	–	
Mathematik	2	2	2	2	3	
Werbekunde	2	1	2	2	2	
~~Plakatschrift~~	2	1	1	2	1	
~~Materialkunde~~ Dekoration	2	1	/	2	2	
Gesamtnote	2	2	2	2	2	
Krank / in Std.			/	–	–	
Entschuldigt / in Std.	19	12	30	18	–	
Unentschuldigt / in Std.			/	6	18	
Verspätet / in Std.			/	/	/	
Versäumnisse / in Std.	19	12	30	24	18	

LEHRWERKSTÄTTE / LEHRBETRIEB

Jahr						
Halbjahr						
Ges. Verhalten						
Pünktlichkeit						
Fleiß						
Ordnung						
Güte der Arbeit						
Einhalten der Normenzeit						
Selbständigkeit						
Führung des Berichtsheftes						
Gesamtnote						
Krank / in Std.						
Entschuldigt / in Std.						
Unentschuldigt / in Std.						
Verspätet / in Std.						
Versäumnisse / in Std.						

Ab 1.9.54 1 = sehr gut 2 = gut 3 = befriedigend 4 = ausreichend 5 = ungenügend

BETRIEBSBERUFSSCHULE KONSUM Kreis Pritzwalk

UNTERSCHRIFTEN

	Klassenleiter	Schulleiter	Ausbildungsleiter	Gesetzl. Vertreter
1. Halbjahr	Schreiber	Krammer	[illegible]	H. Kühn
2. Halbjahr	[illegible]	Krammer	[illegible]	H. Kühn
3. Halbjahr	[illegible]	[illegible]	[illegible]	H. Kühn
4. Halbjahr	[illegible]	Krammer		H. Kühn
5. Halbjahr	[illegible]	Krammer		
6. Halbjahr				

Gewerbeschulzeugnis nach Abschluss der Lehre 1955

Eine Werbetafel für meine Lehrabschluss-Prüfungsarbeit, Fach: Plakatschrift

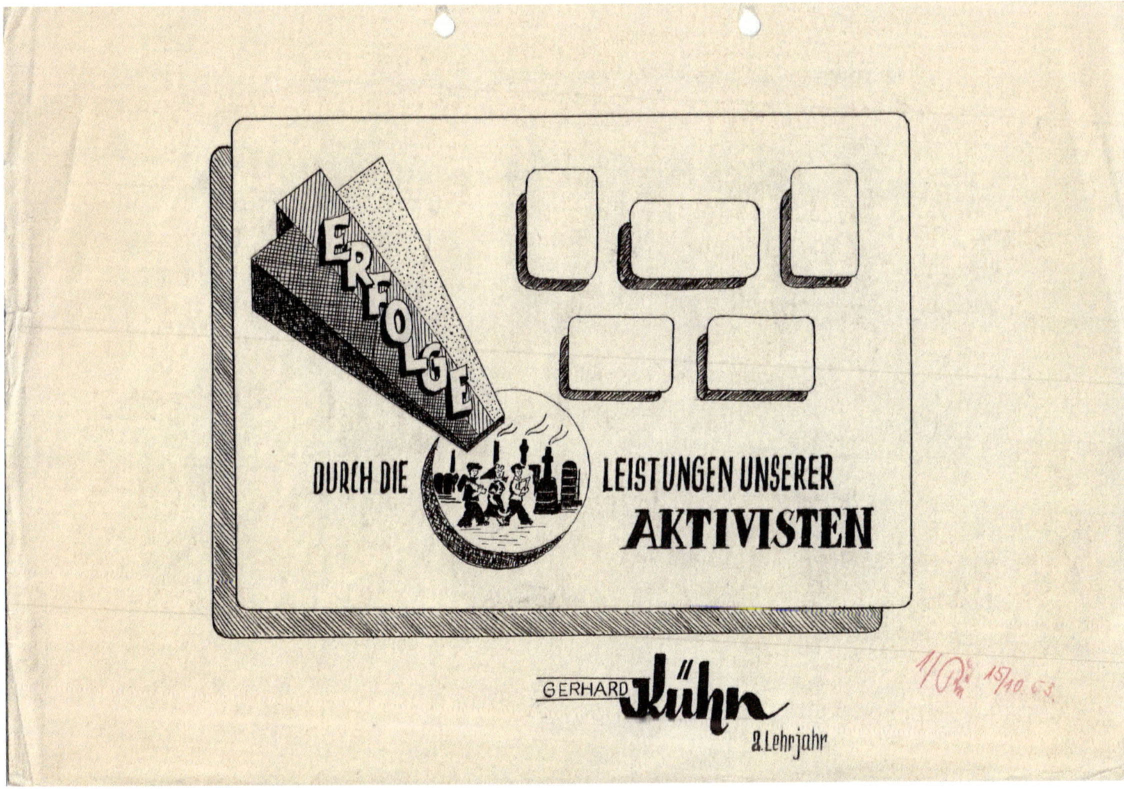

Schulaufgaben in der Gewerbeschule, Entwurf für eine Wandtafel

Entwurf für eine Sichtwerbetafel, Gewerbeschule Pritzwalk

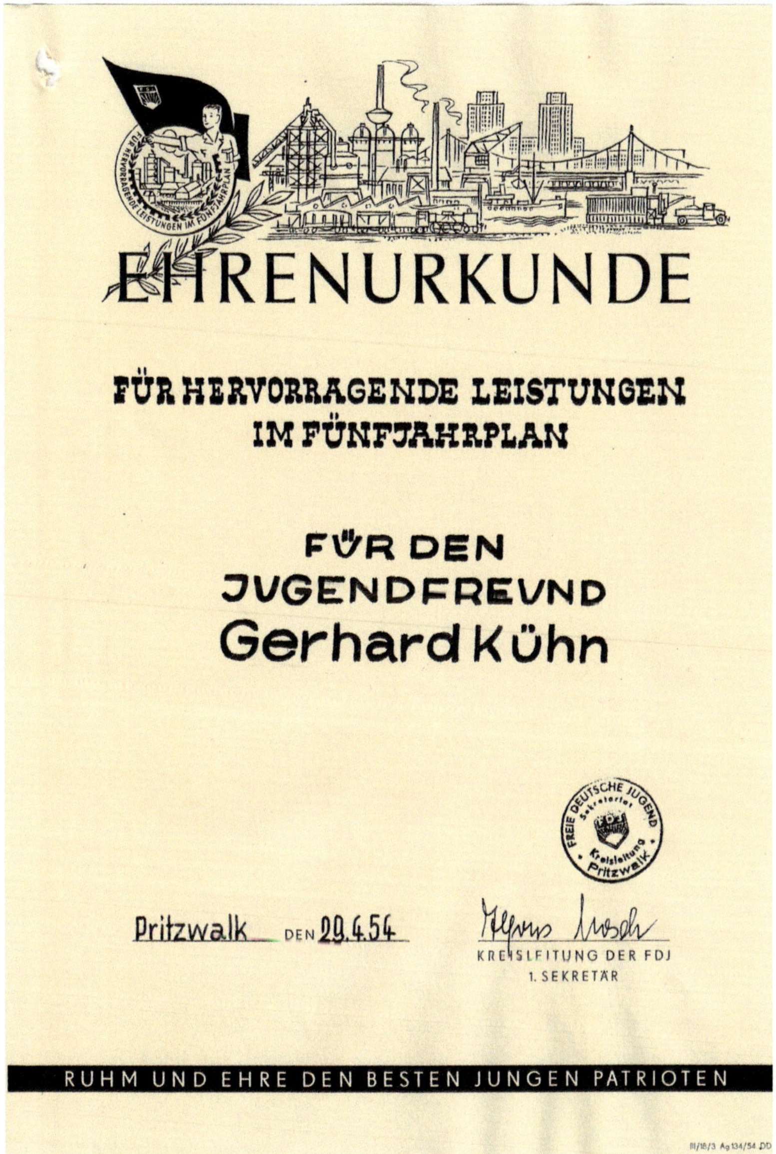

EHRENURKUNDE

FÜR HERVORRAGENDE LEISTUNGEN
IM FÜNFJAHRPLAN

FÜR DEN
JUGENDFREUND
Gerhard Kühn

FREIE DEUTSCHE JUGEND
Sekretariat
Kreisleitung
Pritzwalk

Pritzwalk DEN 29.4.54

KREISLEITUNG DER FDJ
1. SEKRETÄR

RUHM UND EHRE DEN BESTEN JUNGEN PATRIOTEN

III/18/3 Ag 134/54 DD

Ehrenurkunde

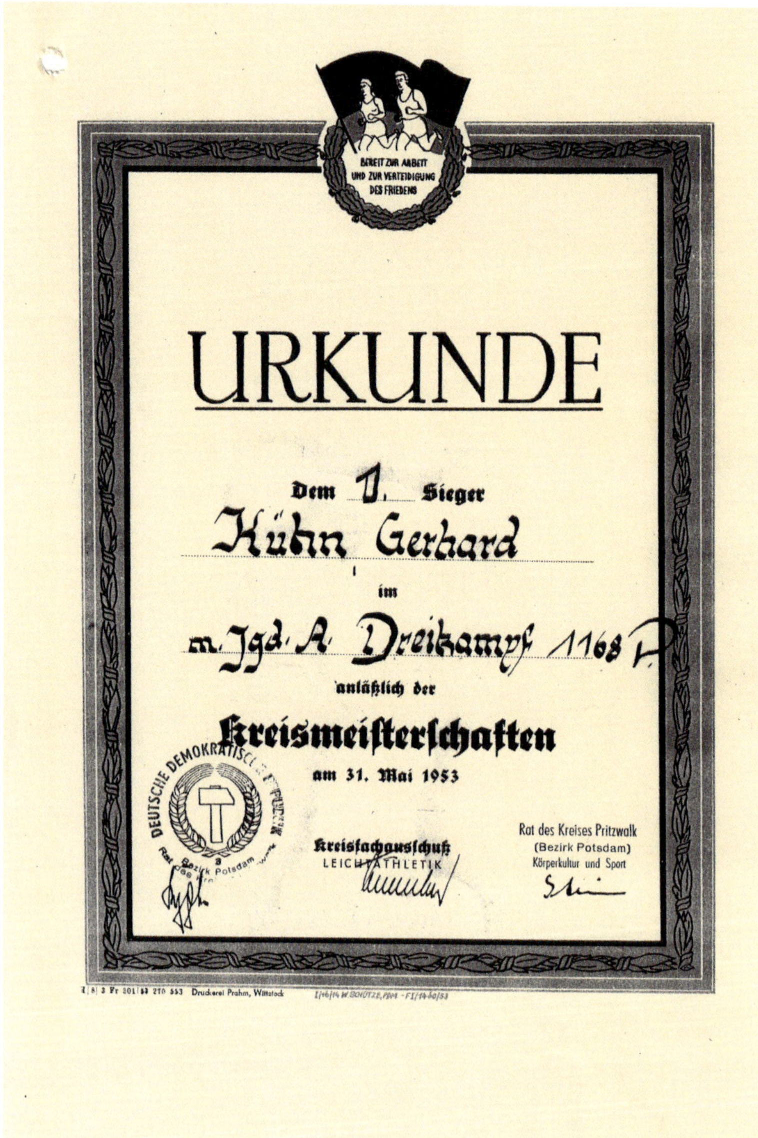

BEREIT ZUR ARBEIT UND ZUR VERTEIDIGUNG DES FRIEDENS

URKUNDE

Dem I. Sieger

Kühn Gerhard

im

m. Jgd. A Dreikampf 1168 P.

anläßlich der

Kreismeisterschaften

am 31. Mai 1953

Kreisfachausschuß
LEICHTATHLETIK

Rat des Kreises Pritzwalk
(Bezirk Potsdam)
Körperkultur und Sport

Urkunde

Bleistiftzeichnung in einem Zeichenkurs vom Kulturbund in Pritzwalk.

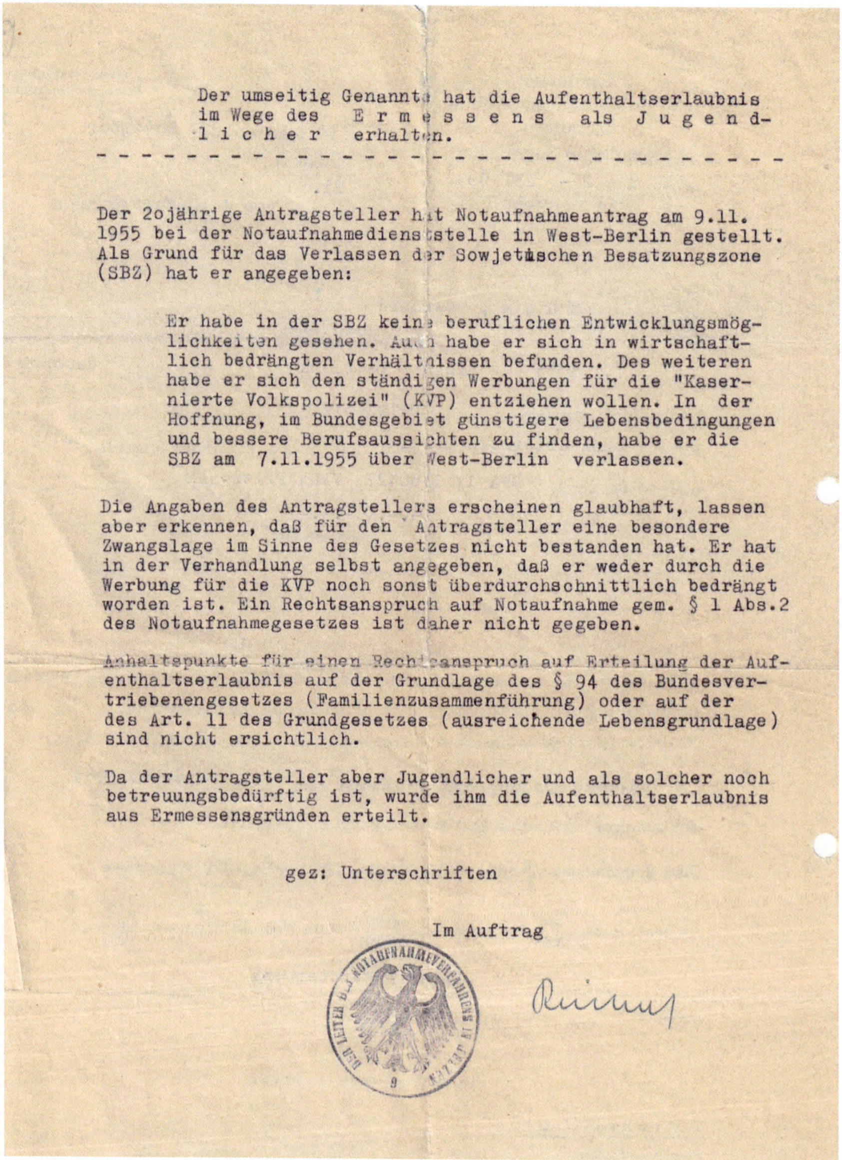

Der umseitig Genannte hat die Aufenthaltserlaubnis im Wege des E r m e s s e n s als J u g e n d l i c h e r erhalten.

- -

Der 2ojährige Antragsteller hat Notaufnahmeantrag am 9.11. 1955 bei der Notaufnahmedienststelle in West-Berlin gestellt. Als Grund für das Verlassen der Sowjetischen Besatzungszone (SBZ) hat er angegeben:

Er habe in der SBZ keine beruflichen Entwicklungsmöglichkeiten gesehen. Auch habe er sich in wirtschaftlich bedrängten Verhältnissen befunden. Des weiteren habe er sich den ständigen Werbungen für die "Kasernierte Volkspolizei" (KVP) entziehen wollen. In der Hoffnung, im Bundesgebiet günstigere Lebensbedingungen und bessere Berufsaussichten zu finden, habe er die SBZ am 7.11.1955 über West-Berlin verlassen.

Die Angaben des Antragstellers erscheinen glaubhaft, lassen aber erkennen, daß für den Antragsteller eine besondere Zwangslage im Sinne des Gesetzes nicht bestanden hat. Er hat in der Verhandlung selbst angegeben, daß er weder durch die Werbung für die KVP noch sonst überdurchschnittlich bedrängt worden ist. Ein Rechtsanspruch auf Notaufnahme gem. § 1 Abs.2 des Notaufnahmegesetzes ist daher nicht gegeben.

Anhaltspunkte für einen Rechtsanspruch auf Erteilung der Aufenthaltserlaubnis auf der Grundlage des § 94 des Bundesvertriebenengesetzes (Familienzusammenführung) oder auf der des Art. 11 des Grundgesetzes (ausreichende Lebensgrundlage) sind nicht ersichtlich.

Da der Antragsteller aber Jugendlicher und als solcher noch betreuungsbedürftig ist, wurde ihm die Aufenthaltserlaubnis aus Ermessensgründen erteilt.

gez: Unterschriften

Im Auftrag

Aufenthaltserlaubnis für die Bundesrepublik Deutschland 9 11. 1955

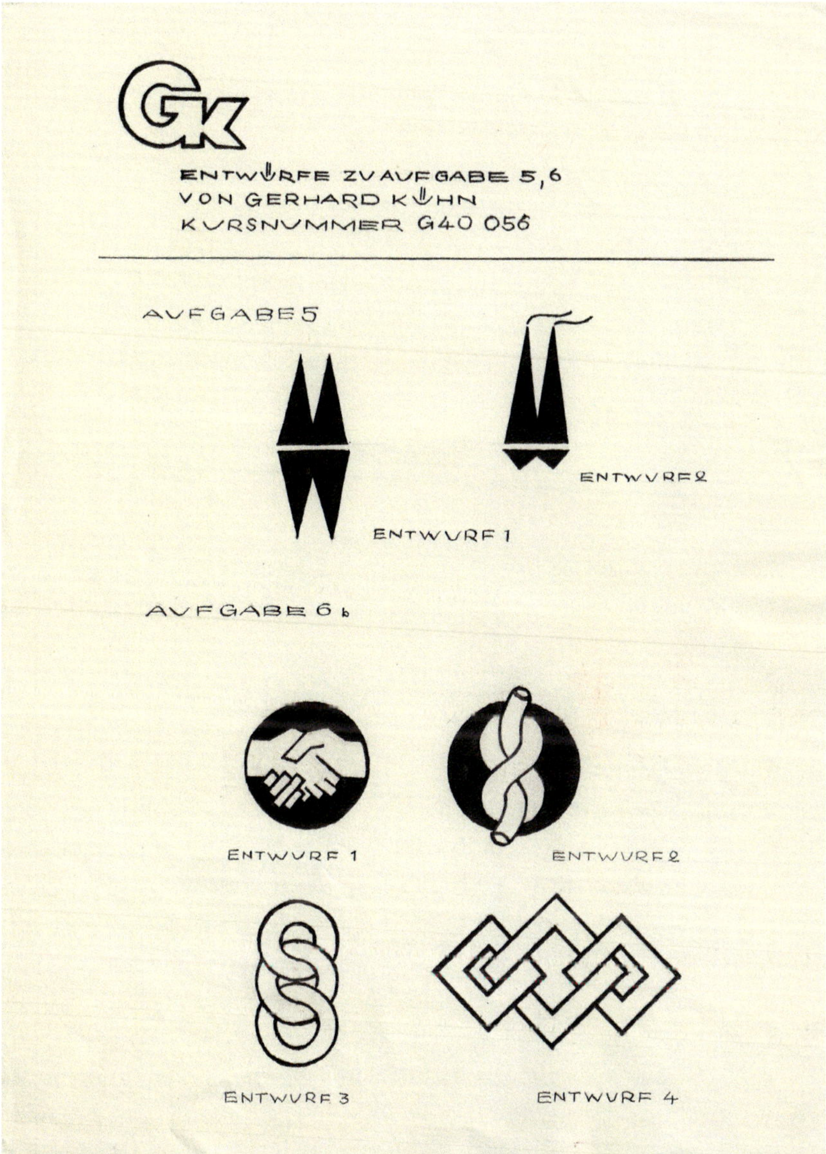

Kursaufgaben an der Fachschule für Gebrauchsgrafik in Darmstadt

Ich wurde des Öfteren als Delegierter zu Kreis- oder Bezirkskonferenzen geschickt. Ich trug dann natürlich das Blauhemd und steckte meine Ehrenzeichen und Orden an die Brust. Auf einer Konferenz in Potsdam saß ich keine 10 Meter von unserm damaligen obersten FDJ-Führer, Erich Honecker, entfernt. Auf dem Deutschlandtreffen 1952 und bei den Weltfestspielen 1954 (Konkurrenzspiele zur Olympiade) in Berlin bin ich an der Ehrentribüne an Walter Ulbricht, Wilhelm Pieck und Erich Honecker vorbeimarschiert und habe ihnen zugejubelt.

Ich erhielt einige Leistungsprämien in Geld oder Urlaub, zum Beispiel 1 Woche Winterurlaub in Oberhof. Meine höchste Auszeichnung war die Medaille „Für hervorragende Leistungen im 1. Fünfjahresplan". Meine sportlichen Erfolge waren: 2. Kreismeister über 100 Meter und 2. Kreismeister über 10-km-Skilanglauf. Rückblickend war meine jugendliche politische Entwicklung ganz im Sinne der DDR-Staatsführung. Meine Eltern beobachteten meine Entwicklung mit etwas Sorge.

In den Schaufenstern wurde ja nicht die Qualität eines Produktes angepriesen oder besondere Leistungen des Konsums, der Verbraucher war froh, wenn es überhaupt etwas zu kaufen gab. In den 50er Jahren gab es zwar keine Lebensmittelkarten mehr, aber die gepriesene Planwirtschaft funktionierte oftmals nicht. Vor Lebensmittelläden bildeten sich oft Schlangen. Das war zumindest zu meiner Lehrzeit noch so.

Unsere Deko-Abteilung wurde oft für die Bühnen- und Saal-Gestaltung von Parteikonferenzen und sonstigen Veranstaltungen angefordert. An mein Zwischenprüfungsfenster kann ich mich noch gut erinnern. Ich dekorierte ein Stofffenster in einer Filiale am Marktplatz. Stoffdekorationen sind wohl die schwierigsten. Ich wählte natürlich ein politisches Thema als Motiv und dachte, das kommt bei der Prüfungskommission sicherlich gut an. Damals war die Losung „Deutsche an einen Tisch" sehr aktuell. Die 1949 gegründete DDR hoffte wohl auf ein vereinigtes Deutschland unter Führung der SED-Regierung. Im Text der DDR-Nationalhymne von Johannes R. Becher kam die Zeile „Deutschland einig Vaterland" noch vor. Anfang der siebziger Jahre wurden die Worte „deutsch" und „Deutschland" aus der Hymne entfernt, es erklang nur die Musik von Hanns Eisler in einer instrumentalen Fassung. Also, das Prüfungsfenster stand unter dem Thema „Deutsche an einen Tisch". Ich suchte mir deutsche Städtenamen aus Ost und West, malte sie bunt und in schönster Schrift auf eine runde „Tischplatte". Über 2 Stäbe wurden die

Stoffe im fallenden „Wasserfall" oder in exakten Falten um die Platte geschlungen. Ich war zufrieden. Am nächsten Tag, einen Tag bevor die Prüfungskommission kam, sah sich meine Mutter das Fenster an. Aufgeregt versuchte sie, mich an meinem Arbeitsplatz zu erreichen. „Junge, in deinem Prüfungsschaufenster hast du einen furchtbaren Fehler gemacht, du hast Stuttgart am Ende mit „d" geschrieben". Welch ein Fehler!!! Mit meinen 18 Jahren hatte ich noch nie Stuttgart geschrieben oder gelesen, wohl nur gehört. Vom Schulunterricht waren mir die Städte Stalingrad, Leningrad, Belgrad bekannt. So übernahm ich die Endung mit dem „d". Sofort eilte ich zu meinem Schaufenster und drapierte den Stoff etwas anders, sodass die Endung von „Stuttgard" verdeckt wurde. Jetzt wohne ich über 50 Jahre in dieser Stadt und ich weiß, wie man sie schreibt. Die Prüfung habe ich mit „Gut" bestanden.

Meine weiteren Pläne waren in meinen Träumen schon geplant. Während der Lehrzeit machte unsere Deko-Abteilung einen Ausflug zur Leipziger Messe. Ich sah dort die tollen Messestände von volkseigenen DDR-Firmen und natürlich die der westdeutschen und internationalen Firmen aus Ost und West. Das war meine Welt! Arbeiten, gestalten und reisen. In Leipzig gab es eine Fachschule für Innen- und Außenhandelswerbung mit einem Fachkurs Messewerbung. Diese Schule war mein Ziel. Ich bewarb mich leider zu einer sehr ungünstigen Zeit.

Nach der Gründung der DDR, 1949, folgte unter Leitung der Sowjetunion der Aufbau der „Nationalen Streitkräfte". Von 1952 bis 1956 war sie eine Freiwilligenarmee, die dann 1956 per Gesetz zur „Nationalen Volksarmee" umgewandelt wurde. Bis kurz nach dem Mauerbau 1961 war die NVA im Gegensatz zur Bundeswehr eine Freiwilligenarmee. Die Wehrpflicht der NVA erfasste alle männlichen Jugendlichen vom 18. bis zum 26. Lebensjahr und dauerte 18 Monate. 1955 war ich gerade 20 Jahre alt und hatte meine Berufsausbildung abgeschlossen.

In den Betrieben und den Universitäten begann auf Geheiß des SED-Politbüros das große Werben um die jungen Männer. In meinem Betrieb stand ich mit anderen jungen Kollegen im Fokus der Betriebsparteileitung und des Kaderleiters (Personalchef).

Diese hatte sich auf irgendwelchen Parteitagen mit großen Worten verpflichtet, soundsoviele Männer für den Armeedienst „abzustellen". Ich wurde mehrmals ins Personalbüro gebeten. Dort saß ich junger Kerl vor den alten Parteigenossen der Werbekommission, die mit vielen Versprechungen und schönen Worten, mit politischen Phrasen und mit Druck, versuchten, mich zu einer „freiwilligen“ Unterschrift zu bewegen. Meine Weigerung begründete ich mit meiner laufenden Bewerbung an der Fachschule in Leipzig. Von dort bekam ich dann prompt eine Absage. Es war nicht nur die Absage, es war auch mein Wille zur Freiheit. Ein Kasernenleben mit seinen Zwängen konnte ich mir nicht vorstellen. Mit einer Kündigung wollte ich dem Druck der Werber entgehen. Ich bewarb mich bei dem 2. großen staatlichen Handelsunternehmen in der DDR, der HO (Handelsorganisation). Ich wurde eingestellt, musste aber täglich mit dem Zug zu meinem Arbeitsplatz nach Kyritz fahren. 6 Wochen arbeitete ich dort, dann begann auch hier das gleiche Prozedere mit der Armeewerbung.

Was nun? Ein berufliches Weiterkommen war hier nicht möglich. Ich begann, an den sozialistischen, marxistischen Idealen der DDR zu zweifeln. Bei mir kam der Gedanke an eine Flucht auf. Mit einem Schulfreund, der auch von Werbern bedrängt wurde, besprachen wir in langen Abenden unser Vorgehen. Wir machten uns gegenseitig Mut. Es war ja nicht nur die ungewisse Zukunft in Westdeutschland, es war vor allem das Verlassen des Elternhauses.

Mit einer kleinen Sporttasche, denn viel Gepäck erregt Aufmerksamkeit bei den Eltern, den Geschwistern und erst recht bei den Volkspolizisten an den Sektorengrenzen in Berlin, verließen wir still und heimlich Pritzwalk. Wir waren uns ja noch nicht ganz sicher, ob wir den bedeutenden Schritt tun werden. Eine unruhige Nacht verbrachten wir in der Bahnhofsmission. Am nächsten Morgen schrieben wir Abschiedsbriefe an unsere Eltern und jeder an seine Freundin. Die letzte Entscheidung fiel vor dem Briefkasten. Einwerfen oder nicht. Dann war es vollbracht!

Wir suchten uns einen unübersichtlichen Straßenabschnitt und wechselten vom Ostsektor in den Westsektor. Ein Westpolizist erklärte uns den Weg zur Flüchtlings-Aufnahmestelle.

Von 1949 bis zum Mauerbau 1961 und danach haben ca. 2,7 Millionen DDR-Bürger diesen „1. Deutschen Arbeiter- und Bauernstaat“ verlassen und ich war einer von ihnen. Rückblickend denke ich heute, wie wäre mein Leben verlaufen, wenn ich den Armeevertrag damals unterschrieben hätte. Ob ich an der innerdeutschen Grenze auch auf Flüchtlinge geschossen hätte?

Das Flüchtlingslager war in Marienfelde im Süden der Stadt. Nun begann das Aufnahme-Verfahren. Wir wurden nicht nur von den deutschen Behörden befragt, auch die Besatzungsmächte, Amerikaner, Engländer und Franzosen wollten vieles von uns wissen. Die Geheimdienste hatten ihre Büros im Lager. Es wurde immer nach militärischen Einrichtungen gefragt, nach Mitgliedsausweisen von FDJ, Partei, Gewerkschaft und sonstigen Organisationen. Für diese „Spionagetätigkeit" bekam man von den Amis eine Schachtel Chesterfield.

Meine Ausweise habe ich nicht hergegeben, ich wäre mir wie ein Verräter vorgekommen. Innerlich war ich wohl doch noch ein bisschen DDR-Bürger. Erst vor einigen Jahren habe ich die Ausweise mit Urkunden, Zeugnissen, Orden und Ehrenzeichen dem Archiv des Heimatmuseums in Pritzwalk übergeben.

Ca. 6 Tage dauerte unser Lageraufenthalt, dann wurden wir nach Hannover ausgeflogen. Es war mein 1. Flug. Auf dem Landweg durch die DDR durften wir nicht. Es herrschte ja Kalter Krieg zwischen Ost und West und die Volkspolizei-Kontrolleure hätten uns Flüchtlinge aus den Bussen geholt.

Die 50er Jahre waren die Fluchtjahre vieler DDR-Bürger in den Westen. Es wurde erkennbar, wie sich die beiden Teile Deutschlands entwickeln würden. Die Grenze wurde immer dichter. Soldaten und Polizisten kontrollierten. Bei Nacht und Nebel suchten viele ihren Fluchtweg. Straßensperren und Wachtürme erschwerten das Verlassen der DDR. Eisenbahnlinien wurden gekappt. Mein Freund und ich hatten noch großes Glück, ab 1961, nach dem Bau der Mauer war eine Flucht lebensgefährlich, es wurde scharf geschossen.

Von Hannover ging es mit dem Bus in ein Lager in der Lüneburger Heide. Dort konnten wir im Torfabbau etwas Geld verdienen. Jetzt mussten wir uns entscheiden, in welches Bundesland wir wollten. In Stuttgart hatte ich eine Tante und eine Cousine. So kam ich über ein Flüchtlingslager in Bad Antogast im Schwarzwald nach Baden-Württemberg. Mein Freund bekam Arbeit in Kornwestheim. In Stuttgart gab es keinen Arbeitsplatz in meinem Beruf, so trennte sich unser gemeinsamer Fluchtweg. Mein Freund ging nach einem Jahr wieder zurück nach Pritzwalk. Allein in der Fremde, das Heimweh und die Liebe zur Freundin zogen ihn zurück. Ich hatte Aussicht auf einen Job in einem Kaufhaus in Mannheim, musste aber 4 Wochen mit Bauarbeiten auf einer Baustelle überbrücken.

In einem katholischen Heim für junge Männer in Weinheim fand ich eine Unterkunft. Zu meiner Arbeitsstelle musste ich täglich eine ¾ Stunde mit der S- und Straßenbahn fahren. Im Kaufhaus Braun wurde ich sehr nett aufgenommen. Ich war ja der arme DDR-Flüchtling, der „Ostzonale". Wir hatten eine Betriebskantine mit warmem Mittagstisch. Von der Leiterin bekam ich oftmals etwas Essbares zugesteckt. Mein Chefdekorateur hatte mich mal am Sonntag zum

Mittagessen eingeladen. Beruflich und auch sonst war alles neu für mich. Ich schrieb lange Briefe an meine Eltern und Freundin in Pritzwalk. Ich beschrieb natürlich nur das Schöne und Gute, es gab aber auch harte Tage.

Nach einigen Wochen war ich mit meiner Unterkunft unzufrieden, sie war mir zu teuer, auch über den weiten Weg und die Fahrtkosten war ich nicht glücklich. Ein Kumpel im Heim hatte das gleiche Problem. Wir suchten nach einem Ausweg. Bei einer Zimmervermittlung fanden wir etwas Günstigeres. Das Heim konnten wir aber nicht von heute auf morgen verlassen.

2 Monate Kündigungszeit stand im Mietvertrag. Wir suchten nach einer Lösung. Die fanden wir in der Heimordnung. In der stand unter anderem: Ausgang bis 22 Uhr, kein Alkoholgenuss im Haus. Wir wollten einen Rauswurf erzwingen. Wir kauften uns Bier im Supermarkt, denn Geld für einen Kneipenbesuch hatten wir nicht.

Gegen 21 Uhr verließen wir das Heim, tranken unsere Flasche Bier kurz vor dem Heimgang, damit der Heimleiter unsere Bierfahne noch riechen konnte. An der Haustür klingelten wir stürmisch und lallten lauthals. Der Heimleiter öffnete und ermahnte uns mit strengem Blick; das darf nicht nochmals vorkommen. An mich richtete er noch die Worte: „Kühn, ich bin enttäuscht von Ihnen." Ich hatte mich ja schon im Heim aktiv betätigt. Malte einige Schilder und betreute die Wandzeitung. Eine Woche darauf wiederholten wir das Theater, wir hatten Erfolg und mussten innerhalb einer Woche das Heim verlassen. Ich bezog als Untermieter ein Dachzimmer in Mannheim-Sandhofen.

1 ½ Jahre blieb ich in Mannheim, wechselte dann nach Stuttgart in das Modehaus Spieker am Marktplatz und von dort nach Schwenningen, zuerst in ein Modehaus, dann in ein Industrieunternehmen. Endlich hatte ich meinen Traumjob. In der Werbeabteilung der Kienzle-Uhrenfabrik entwickelte ich Werbeaufsteller für den Uhren- und Schmuckhandel in Deutschland und Österreich. Ich gestaltete die Dekorationen auf Messeständen in Hannover, Basel, Zürich und Wien. Nach der „Lehrzeit" in diesem für mich neuen Metier machte ich mich mit einem Kollegen selbstständig und erhoffte mir Erfolge als Unternehmer. Ich sollte die kreativen Arbeiten übernehmen. Mein Kompagnon war Werbekaufmann und sollte Aufträge bei der Uhren- und Schmuckindustrie in Deutschland und der Schweiz akquirieren. Wir träumten von großen Aufträgen mit hohen Stückzahlen. Nach einem Jahr trennten wir uns wegen fehlender Aufträge.

Notgedrungen musste ich wieder in die Schaufenster steigen und als Freiberufler in meinem erlernten Beruf arbeiten. Einige Zeit ging das recht gut, dann strebte ich zu Höherem. Ich eröffnete einen Heimwerker-Laden. In Villingen fand ich in einer alten Baumaschinengarage meine Geschäftsräume. Mit einem für meine Begriffe recht hohen Bankkredit kaufte ich auf Messen Ware ein. Die größten Investitionen waren eine große, an der Wand stehende Plattensäge und ein Lieferwagen. Der Laden lief recht gut und ich eröffnete in der Nachbarstadt Schwenningen eine Filiale mit 2 großen Schaufenstern. Ich stellte den ersten Angestellten ein. Die Zuschnitte wurden in Villingen gemacht und ich brachte sie nach Ladenschluss nach Schwenningen. Es ging einige Zeit gut, bis der große OBI in Villingen eine Filiale eröffnete. Das war mein Untergang. Bald suchte ich nach einem Käufer für meine beiden Geschäfte. Ich hatte großes Glück. Ein Holzhändler aus Freiburg übernahm alles. Ich konnte meinen Kredit tilgen und stand wieder am Anfang.

Den machte ich wieder in Stuttgart. Ich fand in Bad Cannstatt ein Zimmer, nahm mir eine 3-monatige Auszeit und machte eine Skandinavien-Reise. Dänemark, Schweden, Norwegen standen auf dem Plan. Das war im Sommer 1972. Ende August besuchte ich noch die Olympischen Spiele in München.

Jetzt musste ich aber wieder an den Ernst des Lebens denken, an die Arbeit, an das Geldverdienen. In Stuttgart fand ich bald eine Arbeit bei einer Firma für Messestandgestaltung. 2 ½ Jahre arbeitete ich bei der Firma Hauser. Es war eine sehr interessante Zeit, ich habe viel gelernt und für meine berufliche Zukunft Kontakte geknüpft. Und ich habe viele Reisen gemacht. Mehr mals die Industriemessen in Hannover, die Fotomessen in Köln, die Automessen in Frankfurt, die Handwerksmessen in München und ein Highlight für mich die DDR-Messe in Leipzig, verbunden mit einem Treffen mit meinen Eltern und einem geheimen Abstecher nach Dresden zu meiner Schwester. Dann die Auslandsmessen in Genf, London, Brighton, Paris, Ljubljana, Turin. Reisen, die ich mir nach meiner Lehre in Pritzwalk erträumt hatte.

Bei der Arbeit in meiner Werkstatt

Lieferung von Deko-Werbebäumen an die Landesbausparkasse 1983

Deko-Werbebäume für eine Postfiliale in Schorndorf

Messestand auf der Südback 1986 in Stuttgart auf dem Killesberg mit Sohn Ulrich, Werbehilfen für das Bäckerhandwerk

Dekorationen auf dem Kodak-Messestand, Photokina in Köln

Werbegeschenke an Kunden meiner Heimwerker-Quelle 1971

Am 1. Januar 1975 versuchte ich mich wieder als selbstständiger Werbegestalter. Der Start wurde mir leicht gemacht. Von der amerikanischen Fotofirma Kodak und der Deutschland-Zentrale in Stuttgart-Wangen erhielt ich Jahr für Jahr einen Vertrag für die werbliche Betreuung von ca. 60 Fotohändlern in Baden-Württemberg. Das war ein sehr gutes Standbein, auf dem ich 23 Jahre gestanden bin. Ein weiterer großer Kunde war die Firma Fielmann. In den 90er Jahren expandierte die Optiker-Kette stark. Über einen Kodak-Kollegen in Essen bekam ich den Kontakt zu Fielmann in Hamburg. Ich begann mit der Schaufenstergestaltung in 5 Läden hier im Südwesten. Durch die vielen Neueröffnungen steigerte sich die Anzahl auf 22 Filialen. Mit 2 Mitarbeiterinnen, sehr vielen Arbeitsstunden und unzähligen Autobahn-Kilometern konnte ich die Arbeit 5 Jahre lang bewältigen. Alle 6 Wochen wurden die Schaufenster umgestaltet. Ich erinnere mich gerne an die Fielmann-Läden in Wiesbaden, Kaiserslautern, Heidelberg, Karlsruhe, Mannheim, Ludwigshafen, Pirmasens, Aalen, Baden-Baden und viele mehr.

Das Ende meiner Berufszeit nahte. 1997 begann ich, mich auf das „Danach" vorzubereiten. Rückblickend war mein Berufsleben sehr abwechslungsreich und entsprach annähernd meinen Vorstellungen aus der Lehrzeit. Nach den vielen Jahren im Berufsalltag hatte ich mir oftmals höhere Ziele gesteckt, hatte immer neue Ideen, Träume und Pläne. Jedoch musste ich selbstkritisch feststellen, dass mir das Können, die Ausdauer und die Durchsetzungskraft fehlten. Und ich merkte, ich bin ein Einzelschaffer, alles will ich selbst machen. Arbeit planen und delegieren lag mir nicht.

Es begann schon in der Jugendzeit. Mit 17 wollte ich im Sport Erfolge erringen. DDR-Meister über die 100 und 200 Meter Kurzstrecken war mein Traum. In Pritzwalk trainierte ich wie besessen, um mein Ziel zu erreichen. 1955, mit 20 Jahren, wurde ich 2. Kreismeister in der Männerklasse. Dann der Wechsel in den Westen. In beruflichen Erfolgen sah ich neue Ziele. In Mannheim im Kaufhaus sah ich meinen Chefdekorateur als Vorbild. Er führte eine Abteilung mit ca. 15 Leuten. Dieses Ziel erreicht man nur über mehrere Stationen. Ich wechselte nach Stuttgart in das Modehaus Spieker und brachte es zum 2. Dekorateur, der erste und der Chefdekorateur standen über mir. Dann der Wechsel nach Schwenningen in ein Modehaus mit 40 Metern Schaufensterfront. Nun war ich „Chefdekorateur" in einer 1-Mann-Abteilung und konnte und musste alles selbst machen. Nach 2 Jahren erneuter Wechsel in die Werbeabteilung der Kienzle-Uhrenfabrik in Schwenningen. Der Schritt in die Selbstständigkeit mit dem Kollegen und die Hoffnung auf

Erfolge als Unternehmer blieben ein Traum. Ich arbeitete nun als freier Schaufenstergestalter beim Einzelhandel in der Region Bodensee-Südschwarzwald, bis ich das Abenteuer mit dem Heimwerker-Laden wagte. Die Ziele waren hoch, das Risiko war groß, die Träume waren schön. Dann kam die Zeit in Stuttgart. Es waren 26 Jahre. Ich war reifer und erfahrener geworden. Ideen hatte ich noch viele, aber ich blieb Realist und arbeitete in meinem gelernten Beruf. Zufrieden mit mir und meinem Leben und näherte ich mich dem Rentenalter.

1999 war es dann so weit, ich ging in Rente. Jetzt wollte ich Bilder malen, Bilder, die in großen Museen ausgestellt und von den Betrachtern bewundert würden. Ich wollte etwas Nachhaltiges hinterlassen. Ich begann, meine Träume, meine Visionen zu leben. Die Kunst der großen Künstler dieser Welt hatte mich schon immer beeindruckt. Ich hatte Vorbilder, die meine Träume beflügelten. Jetzt hatte ich Zeit und wollte mit meinen Bildern einen letzten Versuch unternehmen, etwas zu schaffen, das an meine Zeit, an mich erinnert, auch wenn ich die Erfüllung meines Traumes nicht erlebe.

Meine großen Atelierräume im Stuttgarter Westen gab ich auf, meldete mein Gewerbe ab und mietete 2 kleine Räume in der Nähe meiner Wohnung. Für mein Hobby sollten sie genügen und von meiner Rente bezahlbar sein. Auf eine Stilrichtung hatte ich mich schon festgelegt. Sie ist aus meiner langen beruflichen Tätigkeit geboren. „Am Anfang war das Wort". Ich habe für meine Kunden wortwörtliche Botschaften werbewirksam dargestellt. In Schaufenstern, auf Messen, Plakaten, Autos und sonstigen Werbeträgern. Ich wollte keine Stillleben, keine Landschaften, nicht gegenständlich, nicht abstrakt malen, ich wollte einfach anders malen. So kam ich auf die Idee, mein berufliches Können in die Bildgestaltung einzubringen. Mit dieser gewählten Stilrichtung, ich nannte sie „Lettersart", hoffte ich, dem Betrachter meine Bildaussage leichter vermitteln zu können. In allen bisher gefertigten Bildern, und es sind viele, erscheinen Worte, Buchstaben oder Zahlen. In fantasiereichen Kompositionen, manchmal dominierend, manchmal klein und fast nicht erkennbar, oftmals in pluralen Serien, mit plastischen, erhabenen Oberflächen, gespachtelt, vergoldet oder kombiniert mit eigenen Fotos.

1997, 2 Jahre bevor ich in den Ruhestand ging, begann ich, mir Gedanken über eine Ausstellung einer Bilderserie „50 Jahre Deutsche Mark" zu machen. Banken zeigen in ihren Räumen gerne Kunst von größeren und kleineren Künstlern. In der Zeit entstanden ca. 30 Bilder, die ich dann auch 1998 ausstellen konnte. Ankäufe für eigene Sammlungen waren der Lohn. In den Sparkassen Schwerin, Potsdam, Rathenow und Heidenheim wurden meine Bilder gezeigt, ebenfalls auf der Finanzmesse in Stuttgart auf dem Killesberg. So konnte ich der DM einen gebührenden Abschied erweisen.

Nach der anfänglichen Studier- und Versuchszeit mit dieser und jener Technik, fand ich meinen Weg zur Collage. Statt Maler müsste ich mich Kleber nennen. Ich begann Worte und ganze Überschriften aus Zeitungen auszuschneiden, zu sammeln, oftmals über Jahre, und auf Leinwände zu kleben. Mit meiner Klebetechnik konnte ich dem Betrachter die Bildaussage „lesbar“ machen. Ich schaffte Erinnerungsbilder, Hommagen an vergangene, berühmte Personen. Kompositionen aus unzähligen „M“-Computer-Ausdrucken ergaben das Bild „Hommage an Marylin M.“, aus vielen „P“ wurde Pablo Picasso, aus „H“ wurde Hermann Hesse und viele „G“ standen für Günter Grass.

Zwei besondere Ausstellungen fanden 2001 und 2006 statt. Eine in der Stadt meiner Jugendzeit, in Pritzwalk. Nach 10 Jahren Schul- und Lehrzeit hatte ich dort noch einen großen Bekanntenkreis. Verbunden mit einem Klassentreffen zwischen Ossis und Wessis konnte ich 60 Bilder im Städtischen Kunstmuseum ausstellen.

Burti, vārdi, skaitļi Gerharda Kīna gleznās

Indra Imbovica

Viesmākslinieks no Vācijas, Liepājā dzimušais un tagad Štutgartē dzīvojošais Gerhards Kīns pirmo reizi uz savu dzimto pilsētu atvedis divas gleznu kolekcijas. Viena ekspozīcija ar 55 gleznām apskatāma Latviešu biedrības nama lielajā foajē, bet otra – Vācu un latviešu tikšanās centrā.

Gerhards Kīns 66 gadu vecumā savas izstādes atklāšanā Laviešu biedrības namā.

Gerharda Kīna dzīves stāsts liepājniekiem var būt īpaši interesants ar to, ka viņš 1935.gadā dzimis Liepājā, kristīts Sv.Trīsvienības baznīcā. Viņa vecvecākiem un vecākiem netālu no Liepājas, piederējusi saimniecība, uz kuras pļavām padomjlaikā atradās militārais lidlauks, bet dzīvojamā ēkā, kas stāv vēl šodien, atradās armijas ambulance. Ļoti darbīgs un daudzpusīgs ir bijis mākslinieka vectēvs, kurš bijis gan vīna un spirta tirgotājs Liepājā, ar tirdzniecības aģentūru Maskavā, gan konsuls Portugālē. Savukārt vecvectēvam Liepājā piederējusi Meijera tipogrāfija, kas celta 1910.gadā un darbojas vēl šodien. Tajā iespieda gan vācu avīzi "Libauschen Zeitung", gan arī dažādas etiķetes un skatu kartes vara gravīras tehnikā.

Mākslinieks, dabiski, neatceras Liepāju, jo trīs gadu vecumā kopā ar ģimeni repatriējās uz Vāciju. Tur G.Kīns ieguvā pirmo izglītību un mācījās par skatlogu noformētāju, bet 1955.gadā, īsi pirms Berlīnes mūra uzcelšanas, atstāja Vācijas Demokrātisko Republiku un turpināja dzīves un darba gaitas Vācijas Federatīvajā Republikā, kur ilgus gadus strādāja par reklāmu dizaineru tirdzniecības un rūpniecības uzņēmumos, noformējot Vācijas stendus starptautiskās izstādēs, gadatirgos, strādājot daudzās Eiropas valstu pilsētās. Tikai nepilnus trīs gadus viņš ir pensionējies un ar pilnu atdevi nododas savam vaļaspriekam – gleznošanai.

Pēc mākslinieka teiktā, gleznu cikls "Burti, vārdi, skaitļi" tapis trīs gadu garumā un tā pamatdoma – laika motīvs, ceļojums cauri ikdienai un augstas tehnoloģijas klātbūtnei uz nākamību. Visa cilvēka dzīve saistīta ar skaitļiem, ar numerāciju.

G.Kīna variācija par burtu A.

Andra Gertsona foto

Gerhards Kīns savos darbos izmanto dažādus materiālus – ģipsi, korķi, papīru, kvarca smilti u.c., kas gleznošanas tehniku palīdz veidot plastisku vai reljefu, tādējādi gleznā izceļot augstumu un dziļumu, gaismas un ēnas mijiedarbību. Jūtams, ka mākslinieks teicami pārvalda izvēlēto materiālu, tāpat kā paša sameklētos instrumentus to apstrādei. Savienojot šos materiālu meklējumus ar krāsu paleti, radušās šīs gleznas – signatūra jeb nosacīta zīme, lielie un mazie, paslēptie vai izceltie burti, cipari dažādos salikumos un spoguļattēlā utt.

Pilnīgi cita stila un žanra izstāde skatāma Vācu un latviešu tikšanās centrā, kurā Gerhards Kīns rāda 22 fotogleznas jeb fotokompozīcijas. Kāpēc gleznas un kāpēc kompozīcijas? Mākslinieks savdabīgi izmantojis un pielietojis krāsainās fotogrāfijas. Proti, kāda konkrēta fotogrāfija – kāpnes, zaļojošs koks, grezna katedrāle, atsevišķi pulksteņi, vecs jumts utt. – sagriezti gabaliņos, no tiem tiek veidota mozaīka, jauns attēls, īpatnēja kompozīcija, kam radīts savs krāsu paletē askētisks, bet košs fons, līdz tapusi mūsdienīga, varētu teikt moderna glezna, kas lieliski iekļaujas kādas telpas kopējā dizainā. Šeit var minēt kaut vai tādus šo gleznu nosaukumus kā "Labības lauks jūnijā", "Baznīcu torņu pulksteņi", "Apcirpti koki", "Smilšakmens stabi", "Kāpnes ar sniegu" u.c.

Buchstaben, Worte, Zahlen

Ich auch.
Besuch in meiner Geburtsstadt Libau 2009

THE CHANCERY OF THE PRESIDENT OF LATVIA

Registration No.90000038578 • Ratslaukums 7, Riga, Latvia, LV–1900
Phone: (+371) 67092106 • Fax: (+371) 67092157 • E-mail: info@president.lv

Riga

3 July 2015
No. 1038
To 11.06.2015. No.

Gerhard Kühn
Belaustrase 28, D-70195 Stuttgart
Germany

Dear Mr Kühn,

The Chancery of the President of the Republic of Latvia has received your letter with a request to organize an exhibition in the Blackheads House.

We highly appreciate your creativity skills and talent for making original and attractive works of art.

Taking into account that the Blackheads House is used as the provisional residence of the President of the Republic of Latvia since year 2012, unfortunately the Chancery will be not in the position to assist you in organizing an exhibition since we do not have such practice. At the same time, we would like to inform you that the Chancery is going to move to its official residence of the President of Latvia that is situated in the Riga Castle in the nearest future.

In this case, we would like to advise you to contact LLC Rigas Nami, which is a capital enterprise that is owned by the local government of the City of Riga. The company's main areas of operations are development, management and maintenance of properties, as well as organisation of cultural events at the Blackheads House. Contact information of LLC Rigas Nami is the following: Smilsu iela 14, Riga, LV-1050, E-mail: rigasnami@riga.lv.

Yours sincerely,

Karīna Rāviņa-Vimba
Public Project Management Issues Adviser to the President

Kristīne Reisa-Dāboliņa 67092189
15-1.1.1.-V-N/88124

Antwort von der Residenz des Lettischen Präsidenten in Riga auf meine Bewerbung für eine Ausstellung im Schwarzhäupter Haus.

RĪGAS NAMI

SABIEDRĪBA AR IEROBEŽOTU ATBILDĪBU

"RĪGAS NAMI"

Vienotais reģ. Nr. 40003109638
Smilšu ielā 14, Rīgā, LV - 1050
Tālr.: (371) 67181177 Fakss: (371) 67181451
E- pasts: rigasnami@riga.lv

04.08.2015. Nr. RN-15- 359- nd

Sehr Geehrter Gerhard Kuhn
Belaustraße 28
D-70195 Stuttgard
info@letters-art.de

Ausstellungsmöglichkeiten in dem Schwarzhäupter Haus.

GmbH "Rigas nami" (nachstehend – die Gesellschaft) informiert Sie, dass Ihre Brief, mit der Bitte zu organizieren Ihre Fotoaustellung in dem Schwarzhäupter Haus, ist erhalten.
Die Gesellschaft begrüßt und freut sich über Ihre Pläne, eine Ausstellung in Riga Schwarzhaupter Haus zu organizieren.
Wir wollen Sie informieren, dass der Schwarzhäupter Haus zur Zeit ist besetzt. Und besetzt es ist beim President von Lettland und Er Kanzelei. Deswegen, bis zum Dezember 31. Jahr 2015. bleibt der Schwarzhäupter Haus für das Publikum nicht verfügbar.
Zur Zeit, das Schwarzhäupter Haus Eröffnungsplanung ist gestartet. Aber, für genauer Information, bitte, kontaktieren Sie Uns am Ende des Jahrs.
Die Kontakt Persone von GmbH „Rigas nami" Veranstaltungzentrum Schwarzhäupter Haus ist Schwarzhäupter Haus Direktor Ieva Sipola, Email: Ieva.Sipola@riga.lv, Tel.: +371 29214300.

Vorsitzender des Vorstands V.Verika

Mittglied des Vorstands A.Kondratjuks

Sīpola +371 67037514

Antwort aus Riga nach meiner Bewerbung um eine Ausstellung im Schwarzhäupterhaus. Eine erneute Bewerbung habe ich nicht betrieben. Die Kosten und Umstände waren mir zu groß.

Die zweite fand in meiner Geburtsstadt Libau in Lettland statt. Bei 2 Reisen nach Lettland konnte ich Kontakte zu kulturschaffenden Personen in der Stadt knüpfen. So erhielt ich die Möglichkeit, im Städtischen Kulturhaus 60 Bilder und in der Lettisch-Deutschen-Begegnungsstätte 20 Fotocollagen auszustellen. Ein Abenteuer war die Logistik. Lettland gehörte damals noch nicht zur EU. So musste ich alle Bilder deklarieren, das bedeutete viel Papierkram beim Zollamt in Stuttgart. Fotos von allen Bildern, aufgeklebt auf Vordrucke, wurden mit Stempeln versiegelt. Mit dieser Zollerklärung ging es über die Ostsee mit 2 Übernachtungen auf der Fähre von Kiel nach Litauen, zur Hafenstadt Klaipeda, auf Deutsch Memel. Viel Zeit benötigte ich an der Grenze. Die Kontrollen dauerten und dauerten. Dann ging es weiter durch Litauen, das ja auch noch nicht zur EU gehörte, an die Grenze nach Lettland.

Wieder lange Wartezeiten. Eine Nacht verbrachte ich im Auto bei Meeresrauschen nah an der Ostsee. An Schlaf war nicht zu denken, die Angst verdrängte alle Versuche. Die Zeit nach der Trennung Lettlands von der Sowjetunion war eine unruhige, gefährliche Zeit. Dann hatte ich endlich Libau erreicht. Der Aufbau dauerte 2 Tage. Die Vernissage hat mich sehr beeindruckt. Eine alte Dame übersetzte die Begrüßungsansprache. In der wurden meine Vorfahren in der Stadt erwähnt, die Meier'sche Druckerei meines Urgroßvaters und die dort herausgegebene Deutsche Zeitung. Man überreichte mir Maiglöckchen-Sträuße und drei nette Mädchen sangen deutsche Volkslieder. Ich war sehr gerührt. Vom Buffet gab es Speckkuchen und ich hatte württembergischen Trollinger mitgebracht.

Auf dem gleichen Weg mit den gleichen Zollstationen und den Kontroll- und Wartezeiten machte ich mich nach 14 Tagen wieder auf die Heimfahrt.

An einem besonderen und im wahrsten Sinne des Wortes großen Kunstwerk habe ich 10 Jahre gearbeitet!!! Von 2007 bis 2016, also 10 Jahre, schnitt ich Jahr für Jahr alle Überschriften der Leitartikel der STUTTGARTER ZEITUNG aus, sammelte sie in Umschlägen und klebte sie auf Leinwand-Rahmen. So entstand ein dokumentarisches Kunstwerk, ein Zyklus von 30 m Länge. Auf 30 Bildern, jedes hat eine Größe von 100 x 100 cm, ist das wichtigste Geschehen in der Stadt, im Land Baden-Württemberg, in Deutschland und in der Welt, schwarz auf weiß festgehalten. Das geschriebene, gedruckte Wort ist zu einem Kunstwerk geworden. Weitere Jahresbilder dieser Art lagern im dunklen Lager meines Ateliers und warten geduldig auf das helle Licht und die

Besucher im Museum. Ich weiß, das kann lange dauern. Aber diese Lesebilder sind auch erst in 20, 30 oder 50 Jahren interessant. Ich hoffe, dass sie diese Jahre überleben.

Jeder Künstler wandelt seinen Stiel im Laufe der Zeit. Meinen Schwerpunkt legte ich nun auf „Dokumentarische Gegenwartskunst". Kunst als Mittel der Erinnerung. Die Quellen meiner Inspirationen fand ich der Zeitgeschichte. Weg von „schönen" Bildern mit aufwendigen Ausstellungen. Der Verkauf, gutgemeinte Lobreden sowie Presseartikel wurden mir unwichtig. Auf „Meine Zeit" wollte ich hinweisen. Mit der Gewissheit, eventuelle Ausstellungen in ferner Zukunft nicht mehr zu erleben, begann ich, Umwelt- und Dieselprobleme, Flüchtlings- und Müllprobleme, Finanz- und Coronakrise, Terror, Krieg und Frieden auf meine Art zu dokumentieren. Es war mir bewusst, die Bilder kauft keiner, wer hängt sich schon einen „Müllberg" oder eine „Energiewende" über sein Sofa. Aber alle diese Zeiterscheinungen habe ich in meinen 85 Lebensjahren durchlebt, an sie möchte ich erinnern. Und ich habe die Hoffnung, diese Kunstwerke gelangen nach meinem Ende irgendwann und irgendwo zu Sammlern oder in Museumsdepots und werden bei Bedarf der Öffentlichkeit gezeigt. Mir ist der lange und schwere Weg bekannt, trotzdem hoffe und träume ich weiter davon. Wer keine Träume hat, ist tot.

Ein Ereignis hat mein privates und künstlerisches Leben sehr beeinflusst. Die gewaltlose Wiedervereinigung Deutschlands. Ich war 6 Jahre Bürger der DDR und bin durch die Mauer fast 40 Jahre von Familie und Freunden getrennt worden. Künstlerisch fand ich erst als Rentner Zeit und Ruhe, um die deutsche Wiedervereinigung in Bildern zu verarbeiten. Im Laufe der Nachwendezeit nahm ich das Thema immer wieder auf. So entstanden ca. 25 Bilder.

Bei oftmaligen DDR-Besuchen vor der Wende und danach konnte ich mir ein Urteil über diesen deutschen Staat bilden. Es entstand bei mir der Wunsch, die Existenz und den Untergang dieses Unrechtsstaates in Bildern zu dokumentieren. Damit eine Zeit der deutschen Geschichte nicht nur in gedruckten Worten, in Fotos und Filmen in Archiven lagern, sondern auch in Kunstwerken an Wänden der Museen gezeigt werden kann.

Nun bin ich 22 Jahre aktiver Rentner und freischaffender Künstler, habe mit viel Freude und großem Fleiß über 1000 Bilder geschaffen. Bei meinem hohen Alter muss ich mir Gedanken machen, was geschieht wenn?! Mir erscheinen wieder Träume. Träume, die ich der Kunstszene in Pritzwalk und der Prignitz vorgetragen habe. Bei einem Treffen 2019 mit dem Museumsleiter, dem Vorsitzenden des Pritzwalker Kunstkreises und dem Historiker des Stadtarchivs, habe ich mich mit den Herren über den Vorschlag einer Schenkung meines Bildernachlasses an die Stadt unterhalten. Es wurde alles nur angedacht, etwas Konkretes ergaben die Gespräche noch nicht.

Meine Träumerei, gefasst in Schreiben, habe ich an den Bürgermeister der Stadt und an den Tourismusverband Prignitz e. V. in der Kreisstadt Perleberg geschickt. Beide haben meine träumerischen Vorschläge nicht beantwortet. Trotzdem träume ich weiter. Hier der ähnlich lautende Inhalt der beiden Schreiben:

> *Sehr geehrte Damen, sehr geehrte Herren, die Prignitz ist für mich eine 2. Heimat. In Pritzwalk habe ich 10 Jahre meines jungen Lebens verbracht, bin hier als Flüchtling am Kriegsende 1945 gestrandet, habe hier die Schule besucht und eine Lehre als Schaufenstergestalter beim Konsum gemacht. Ich erinnere mich an Kartoffelkäfer-Sammelaktionen, an Ernteeinsätze, Schulausflüge und Radtouren, an Schaufenster-Dekorationen in Putlitz, Wittstock, Freienstein und Kyritz. 1955 verließ ich die Stadt, kehrte aber immer wieder besuchsweise zurück, auch zu DDR-Zeiten. Bei meinem letzten Besuch im Mai 2019 traf ich bei einem Spaziergang am Trappenberg zufällig auf 2 Männer, die am Bahnhof das Betonhochhaus und das Gelände herum vermaßen. Auf meine neugierige Frage erklärten sie mir, dass das unter Denkmalschutz stehende Gebäude im Herbst versteigert wird. Diese Nachricht war die Geburtsstunde einer neuen Träumerei. Die Prignitz, nicht gerade reich an touristischen Highlights, braucht ein Kunstmuseum!!!*

Mein „Traummuseum“ in Pritzwalk

Dieses unschöne Betonhochhaus hat 7 Stockwerke, ist unbewohnt und steht im Pritzwalker Bahnhofsgelände. Es steht unter Denkmalschutz und ist mein Traumhaus für das „Letters-Art-Museum“ (LAM). Ein Mäzen, ein Sponsor, ersteigert dieses ungewöhnliche Haus, steckt eine Menge Geld (von der Quandt-Kultur-Stiftung?) in den Umbau und die Infrastruktur um das Haus. In den unteren der 7 Etagen kann sich eine Kinder-Kunstschule etablieren, in weiteren könnten Wechselausstellungen regionaler oder überregionaler Künstler stattfinden. Das Museum sollte sich aber immer und ausschließlich der Kunst mit Buchstaben, Worten oder Zahlen widmen. Eine Schenkung meines Nachlasses (alles Buchstaben-, Wort-, Zahlenbilder) an die Stadt oder den Kreis Prignitz wäre ein Grundstock für ein solches Haus. Das Letters-Art-Museum hätte bald weithin einen guten Ruf. Ganze Schulklassen machen in Bussen Ausflüge nach Pritzwalk. Busunternehmen aus Berlin machen Tagesausflüge, Touristen und Urlauber verlassen bei Wittstock die Autobahn, denn an der Autobahn werben Hinweisschilder für das sehenswerte Letters-Art-Museum. Die Hotels der Region hätten volle Betten. Dem Tourismus in der Prignitz würde es beleben. So weit meine Idee, so weit meine Träume.

Mit freundlichen Grüßen.

Auf meine Träumerei-Briefe bekam ich, wie erwähnt, aus der Prignitz keine Antwort. Trotzdem habe ich die Hoffnung auf ein Zeichen noch nicht aufgegeben und träume weiter.

Die Idee und den Traum von einem Themen-Museum (Worte, Buchstaben, Zahlen) habe ich auf das Land Baden-Württemberg verlagert. Ich denke an eine Stadt im Lande, die mit einem solchen Haus ihren Tourismus fördern möchte und mit einer Kinder-Kunst-Akademie, die Jugend zu kreativem Tun anregen will. Der Grundstock wären wieder meine ca. 1000 Bilder. Oder es findet sich ein Kunstliebhaber, ein Sammler, ein Mäzen im Lande, der sich an dieses Projekt wagt. Ich hoffe und träume weiter.

Nun zu meinen Bildern. Am Anfang meiner Bildgestaltung stand nicht das Wort, sondern der Buchstabe, verbunden mit der Fotografie. Durch meine langjährige freie Tätigkeit bei der Fotofirma Kodak hatte ich ein besonderes Faible für das Fotografieren. Auf meinen vielen Reisen fing ich an, Fotomotive zu sammeln. So entstanden Serien, die ich dann in Kompositionen mit Buchstaben zu Bildern verarbeitete. Das war am Ende der 90er Jahre. So brachte ich von einer Kanada-Reise eine Aufnahmen-Serie von Totempfählen aus einem Park in Vancouver mit, die ich dann zu einem Bild gestaltete. Aus vielen Ländern brachte ich Fotos von gelben, roten, blauen, grünen Briefkästen mit. In Irland fotografierte ich auf Friedhöfen Keltenkreuze. Alle Serien wurden zu Fotocollagen verarbeitet. In England und Schottland fand ich Haustüren mit glänzenden Messing-Hausnummern. Im Londoner Westend und im Bankenviertel fotografierte ich die blanken Rolls-Royce-Kühlerfiguren, die Emily. Das Bild wurde dann mit vielen „R" versehen. In Moskau und St. Petersburg fotografierte ich natürlich die wunderschönen Zwiebeltürme der orthodoxen Klöster und Kirchen. Auf Sylt machte ich eine Serie der typischen spitzen Hausgiebel mit Haustüren. Mit Fotos von meinen über Jahre gesammelten 10-DM-Sammlermünzen fertigte ich Collagen zum Jubiläum 1998, 50-Jahre-DM. Diese und andere DM-Bilder habe ich damals in Banken in Potsdam, Schwerin, Heidenheim und auf einer Finanzmesse in Stuttgart am Killesberg ausgestellt. Einige befinden sich in den Sammlungen der Banken.

Die Bildgestaltung mit Fotos habe ich dann etwas vernachlässigt. Quellen meiner Inspirationen suchte ich im Zeitgeschehen. Buchstaben und Worte traten als Motive in den Vordergrund. Es entstanden recht große Bilder (100 x 100 cm), in denen die Masse der Worte den Betrachter zum Lesen und längeren Verweilen vor dem Bild auffordert. Alle Wortbilder sind Ausschnitte aus Überschriften der Tageszeitungen. Sinnlos nebeneinander geklebte Worte, die aber einen Einblick in die Zeit, in meine Zeit, geben. Die Worte Abwrackprämie, Müllberge, Terror, Syrien-Krieg, Flüchtlingskrise, Dieselaffäre, Corona-Pandemie, Supergau, Ukraine-Krieg und andere, erinnern den Betrachter jetzt und in vielen, vielen Jahren an die Probleme dieser Zeit.

Ich habe wohl in den vergangenen Jahren einige zigtausend deutsche Worte aus der Zeitung ausgeschnitten und auf Leinwand geklebt. Allein in dem 30 Meter langen Zyklus „10 Jahre schwarz auf weiß", mit allen Leitartikel-Überschriften der STUTTGARTER ZEITUNG sind tausende Worte verklebt. Sie sind in deutscher Sprache lesbar. Ich kann mit gutem Gewissen sagen: Ich male und klebe deutsch. Dafür müsste ich das Bundesverdienstkreuz bekommen. Den Friedens-Nobelpreis 2012, habe ich ja schon. Ich bin ein friedlicher EU-Bürger, und somit Nobelpreisträger. Ich träume wieder! Ich träume weiter!

Meine Träume, meine Fantasien sind ein wesentlicher Antrieb für meine kreative Arbeit. Und ich hoffe, diesen Antrieb noch weiterhin zu verspüren, denn im Kopf und in einigen Skizzen warten bereits weitere Ideen auf Verwirklichung. So finde ich auch die Kraft und die Lust zum fast täglichen Gang in mein kleines Atelier in einem Hinterhof, im Stadtteil Botnang.

Nun habe ich die Hoffnung und den Traum, mit diesem Buch eine große Leserschaft zu finden. Zum Schluss noch eine Anmerkung. Alle meine Bilder sind im quadratischen Format. Von 30 x 30 bis 100 x 100 cm. Ich liebe diese Form. Sie strahlt Ordnung und Ruhe aus. Alle Seiten und Winkel sind gleich. Diese Gleichmäßigkeit kommt mir bei der Hängung und Anordnung einer Ausstellung zugute. Eine Ausstellung wirkt somit aufgeräumt und übersichtlich. Und wenn die Kunstliebhaber in den Museen dieser Welt in einem quadratischen Bild noch ein kleines, goldenes Quadrat blitzen sehen, weiß jeder, das ist ein echter „Kühn“. Ich träume wieder!

Alle meine Bilder haben dieses goldene Quadrat irgendwo auf der Bildfläche. Es ist klein, man muss es oftmals suchen.

Ausstellung bei der AWO in Stuttgart, 2018

Auf einer Ausstellung im Rathaus von Freiberg am Neckar

Unterschriften von Spendern auf einer Festveranstaltung für „Brot für die Welt“
im Neuen Schloss in Stuttgart. Das Bild wurde für 400 € ersteigert

Auf der Ausstellung in der Orthopädischen Klinik in Markgröningen 2012

Mit Mauerbild - 20 Jahre Maueröffnung 2010

Bilderlager im Atelier

Messestand auf der Kunstmesse Sindelfingen 2008

Wortbilder in der Berufsakademie Stuttgart

Eröffnung meiner Ausstellung bei der AWO Stuttgart

Ausstellung im Verwaltungsgericht in Stuttgart

Ausstellung in der Museumsfabrik in Pritzwalk

Auf dem Dach der Museumsfabrik in Pritzwalk

GALERIE

Buchstäblich
Wörtlich
Bildlich

Sara- die Schöne von Samos, 80x80 cm, Buchstaben-Collage, Acryl auf Leinwand

Hommage an Pablo P. , 80x80 cm, Buchstaben-Collage, Acryl auf Leinwand

Die Gedanken sind frei, 80x80 cm, Buchstaben-Collage, Acryl auf Leinwand

Hundert im Wasser, 80x80 cm, Collage, Acryl auf Leinwand

6 Hundert im Wasser, 80x80 cm, Collage, Acryl auf Leinwand

Blue-art, 70x70 cm, Collage, Acryl auf Hartfaser

Sinfonie in Silber, 60x60 cm, Buchstaben-Collage, Acryl auf Leinwand

Goldrausch, 80x80 cm, Buchstaben-Collage, Blattgold, Acryl auf Leinwand

Gerhard K. Grüßt Gustav K. 80x80 cm, Buchstaben-Collage, Acryl auf Leinwand

Buntspechte am Baum, 80x80 cm, Buchstaben-Collage, Acryl auf Leinwand

Adam und Eva, 80x80 cm, Buchstaben-Collage, Acryl auf Leinwand

Goldader, 30x30 cm, Collage, Blattgold auf Hartfaser

Die bunte Post, 30x30 cm, Fotocollage auf Karton

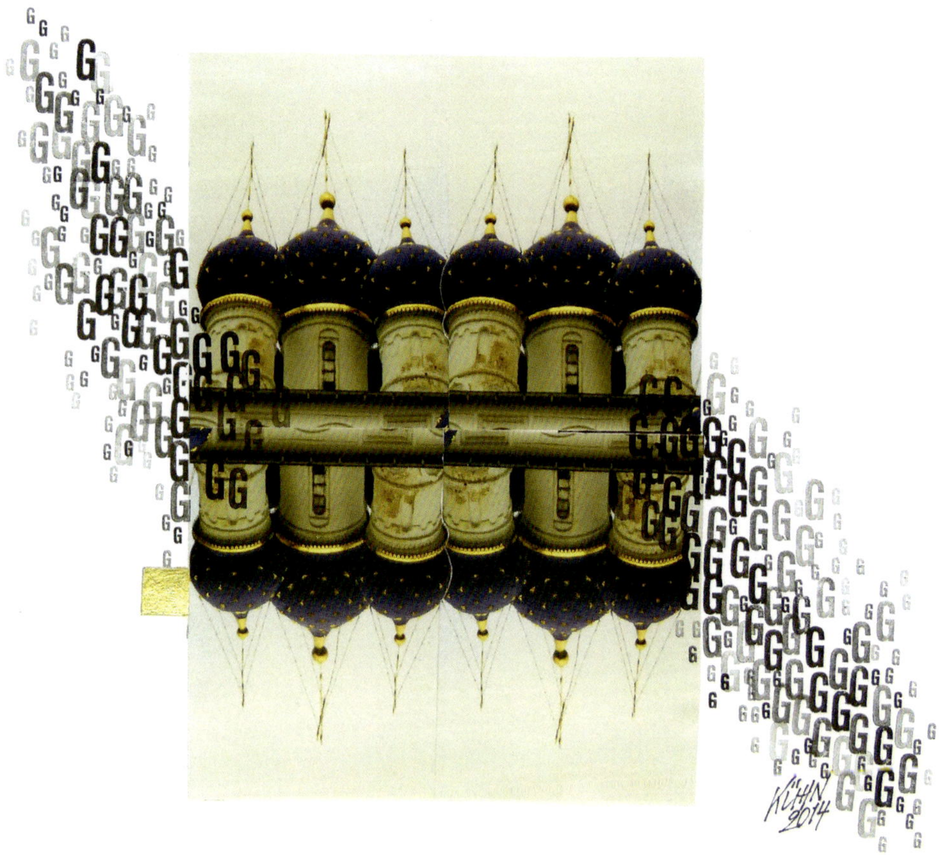

Götterdämmerung, 20x20 cm, Foto-Collage, Printstempel auf Karton

Bananenblues, 80x80 cm, Buchstaben-Collage, Spachtel, Acryl auf Leinwand

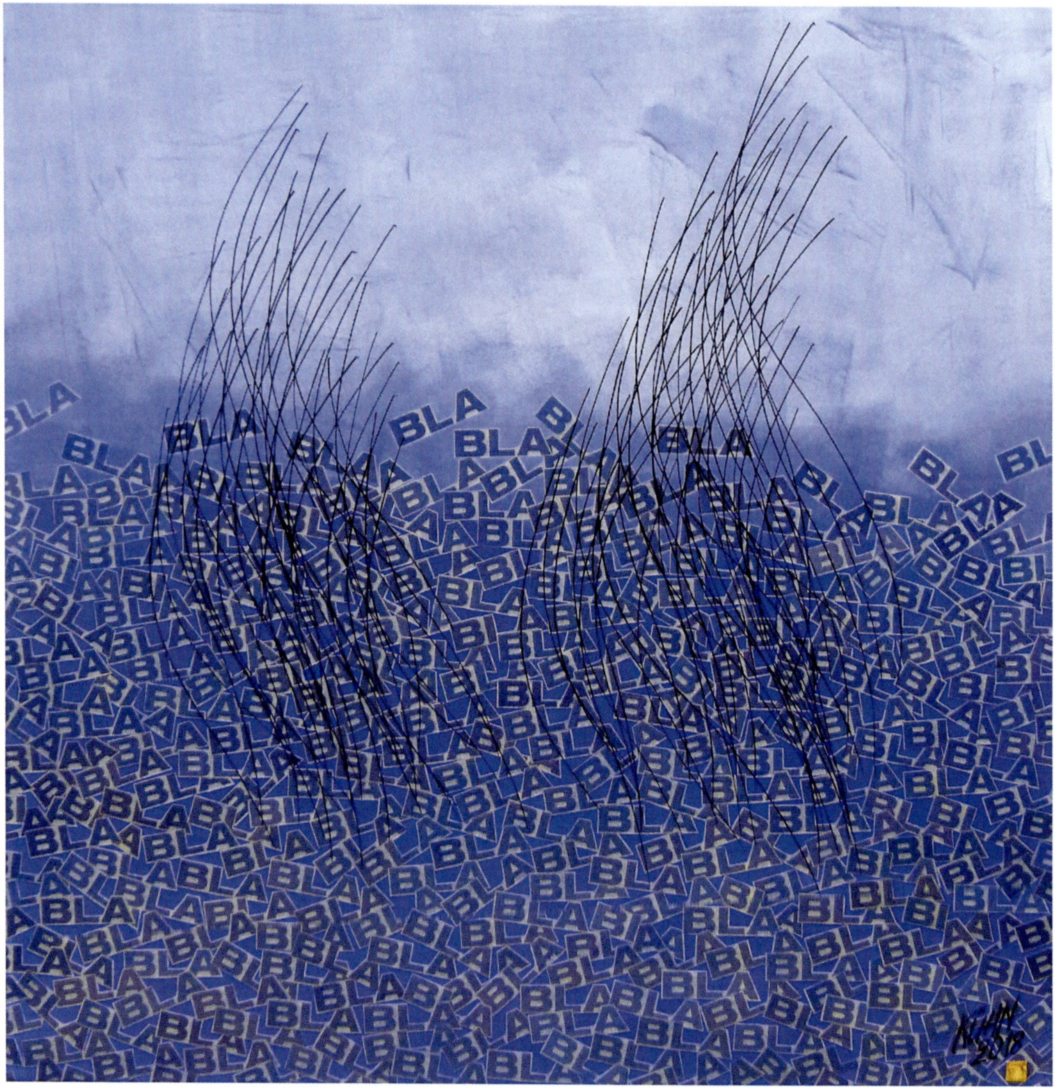

Geschwätz, 80x80 cm, Wort-Collage, Acryl auf Leinwand

1000 Reichsmark, 40x40 cm, Collage, Acryl auf Hartfaser

Die Krönung, 80x80 cm, Fotocollage, Acryl auf Leinwand

Zürcher Geschnetzeltes mit Salat, 80x80 cm, Wort-Collage, Acryl auf Leinwand

Hausgiebel auf Sylt, 80x80 cm, Foto-Collage, Acryl auf Leinwand

Rot im Quadrat, 80x80 cm, Buchstaben-Collage, Acryl auf Leinwand

Die Verwandtschaft, 80x80 cm, Foto-Collage, Gesichter von Verwandten
bei diversen Familientreffen

Genie Goethe, 30x30 cm, Foto-Collage, Printstempel auf Karton

Die Evolution, 50x50 cm, Foto-Collage, Printstempel auf Karton

Sommersinfonie, 50x50 cm, Foto-Collage auf Karton

Der 1. Bundespräsident, 30x30 cm, Briefmarken-Collage
aus Marken von Briefen an meine Eltern in der DDR

Hommage an Marilyn M. 80X80 cm, Buchstaben-Collage, Spachtel, Acryl auf Leinwand

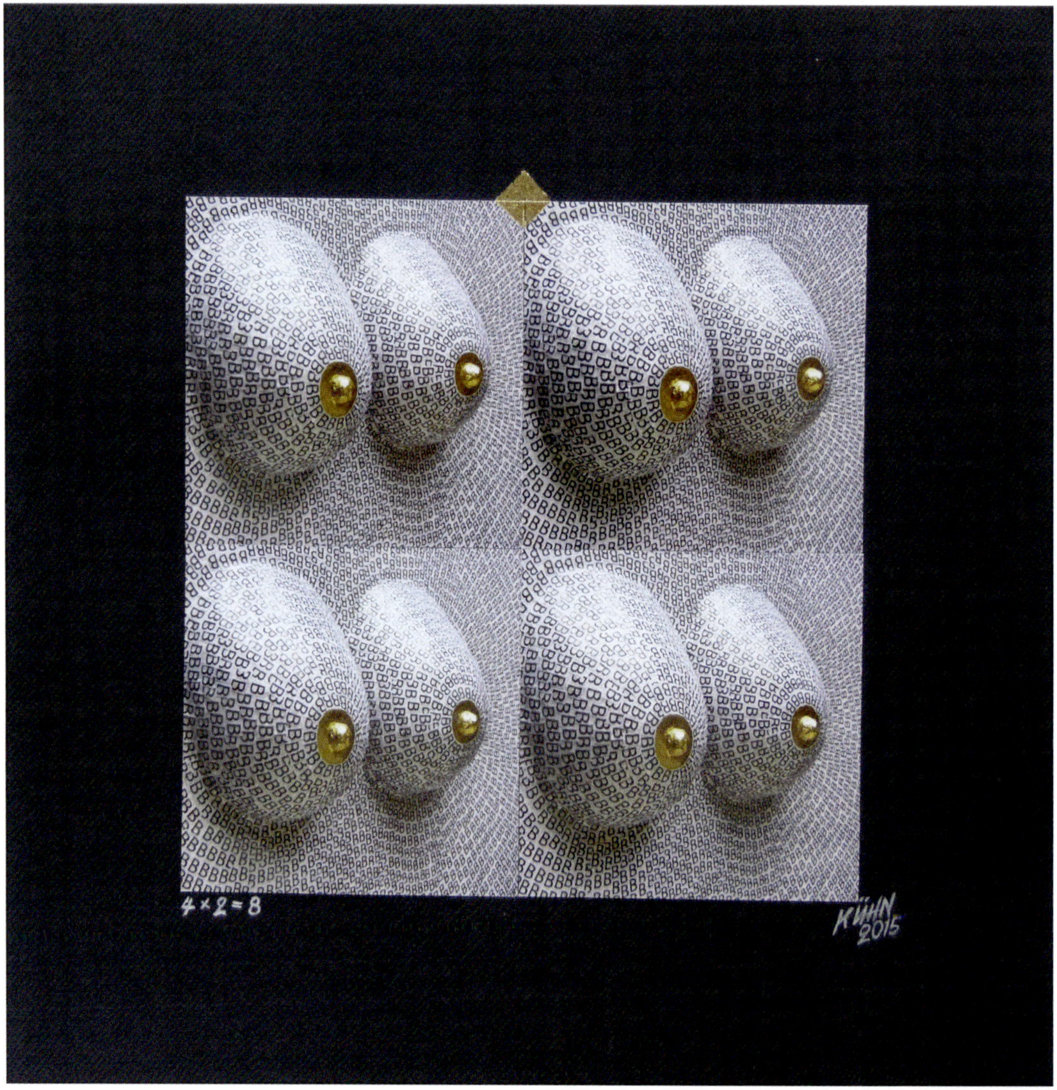

4 x 2 = 8,   30x30 cm, Foto-Collage auf Leinwand

Buchstäbliche Botschaft, 70x70 cm, Buchstaben-Collage, Spachtel, Acryl auf Leinwand

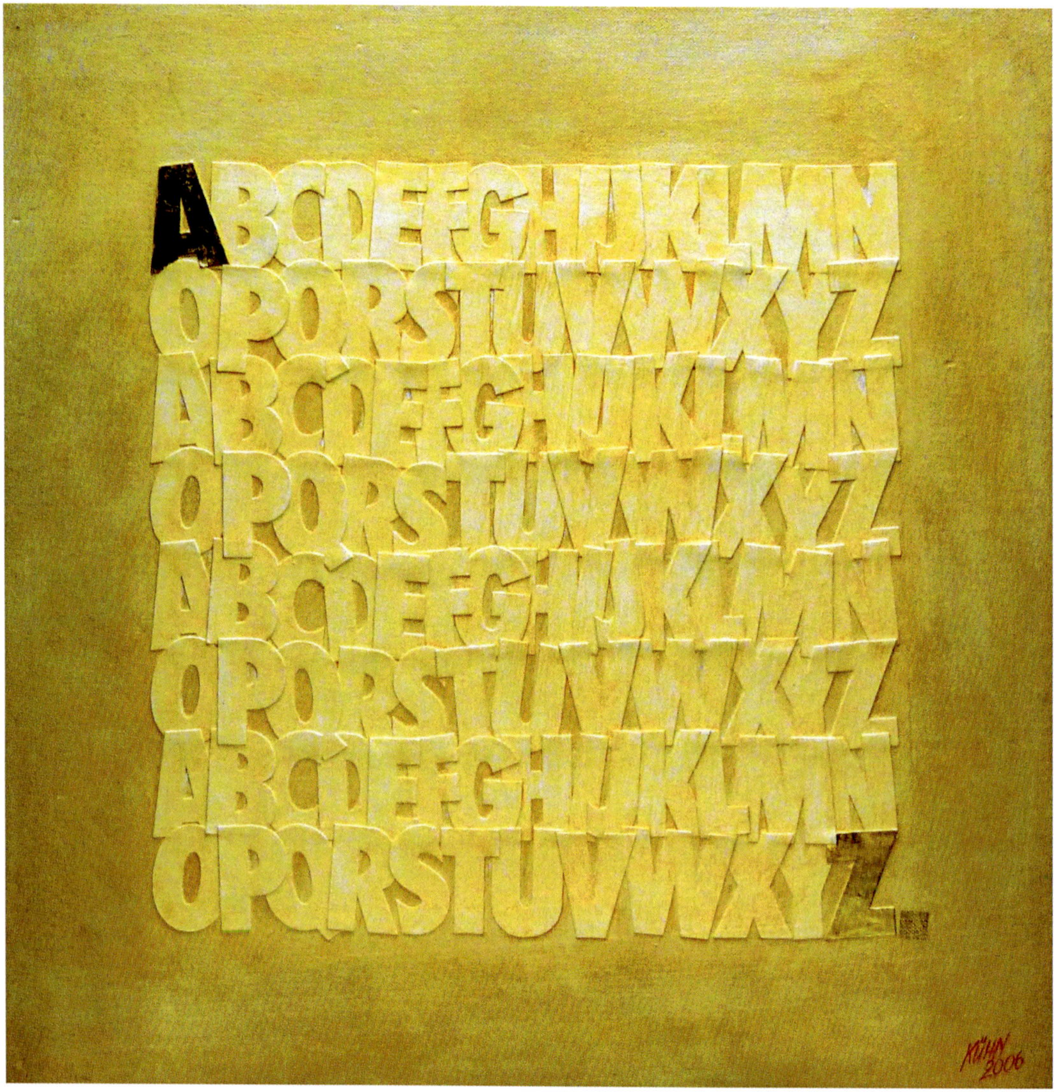

Von A bis Z,   80x80 cm, Buchstaben-Collage, Spachtel, Acryl auf Leinwand

24 x 9, 60x60 cm, Zahlen-Collage, Spachtel, Acryl, Blattgold auf Leinwand

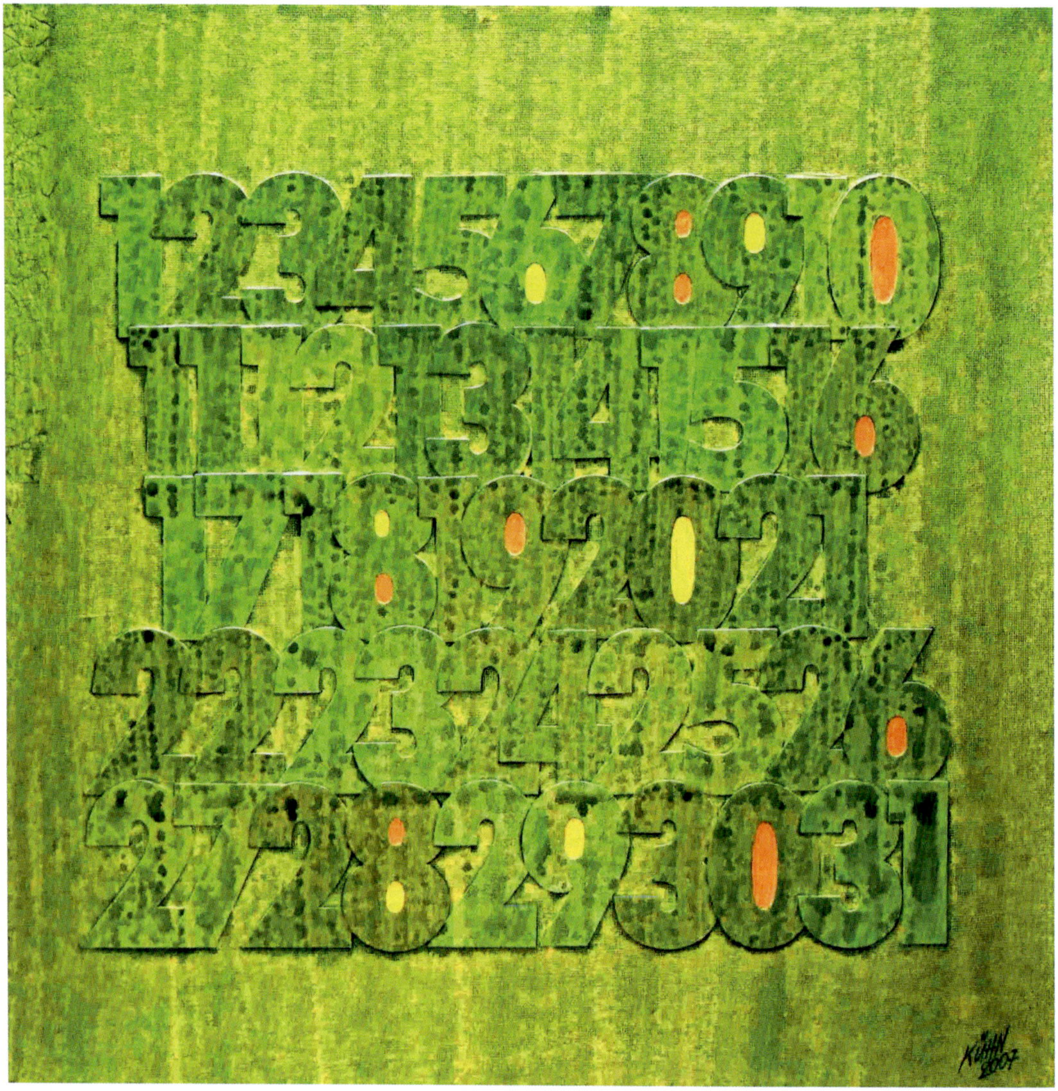

Der Mai ist gekommen, 80x80 cm, Spachtel, Acryl auf Leinwand

Yes to Yellow, 70x70 cm, Spachtel, Acryl auf Hartfaser

50 x 9, 70x70 cm, Spachtel, Acryl auf Hartfaser

Von Zeit zu Zeit, 70x70 cm, Spachtel, Acryl auf Hartfaser

Stuttgart, meine Stadt, 80x80 cm, Spachtel, Acryl auf Leinwand

Abakadabra, 50x50 cm, Buchstaben-Collage, Spachtel, Acryl auf Leinwand

54 x 3, 60x60 cm, Buchstaben-Collage, Spachtel, Acryl auf Hartfaser

Grün tut gut, 70x70 cm, Buchstaben-Collage, Spachtel, Acryl auf Leinwand

Alphabetisch, 80x80 cm, Buchstaben-Collage, Spachtel, Acryl auf Leinwand

Dreierlei, 80x80 cm, Zahlen-Collage, Acryl, Filzstift auf Leinwand

Rot – Grün, 80x80 cm, Wort-Collage, Spachtel, Acryl auf Leinwand

Enkel David, 50x50 cm, Wort-Collage, Acryl auf Hartfaser

7 x 7 = 49, 80x80 cm, Collage, Acryl auf Hartfaser

Zeitzeichen, 60x60 cm, Spachtel, Acryl auf Hartfaser

Konstante Komposition, Buchstaben-Collage, Spachtel, Blattgold auf Hartfaser

Zweierlei, 50x50 cm, Zahlen-Komposition, Acryl auf Karton

Am Anfang, 60x60 cm, Spachtel, Acryl auf Hartfaser

a – Quadrat,   50x50 cm, Acryl auf Hartfaser

Rauf und runter, 80x80 cm, Buchstaben-Collage, Acryl auf Leinwand

Total transparent, 80x80 cm, Buchstaben-Collage, Acryl auf Leinwand

Spurensuche, 70x70 cm, Styrodruck, Acryl auf Hartfaser

Die goldene Sieben, 50x50 cm, Blattgold, Acryl auf Karton

Anastasia, wo bist du? 80X80 cm, Buchstaben-Collage, Acryl auf Leinwand

Der Pythagoras, 80x80 cm, Buchstaben-Collage, Acryl auf Leinwand

Grüße an Günter Grass, 80x80 cm, Buchstaben-Collage, Acryl auf Leinwand

Querschnitt, 80x80 cm, Acryl, Filzstift auf Leinwand

Geheimnis, 30x30 cm, Printstempel, Acryl auf Karton

Nimbus der Neuzeit, 30x30 cm, Filzstift, Acryl auf Karton

D wie Deutschland, 30x30 cm, Filzstift, Acryl auf Karton

M wie Martha, 30x30 cm, Styrostempel, Acryl auf Karton

Klipp und klar, 30x30 cm, Filzstift, Acryl auf Karton

Frühlingserwachen,50x50 cm, Filzstift, Printstempel, Acryl auf Karton

Adam und Berta, 2 x 70x70 cm, Buchstaben-Collage, Spachtel, Acryl, Blattgold auf Hartfaser

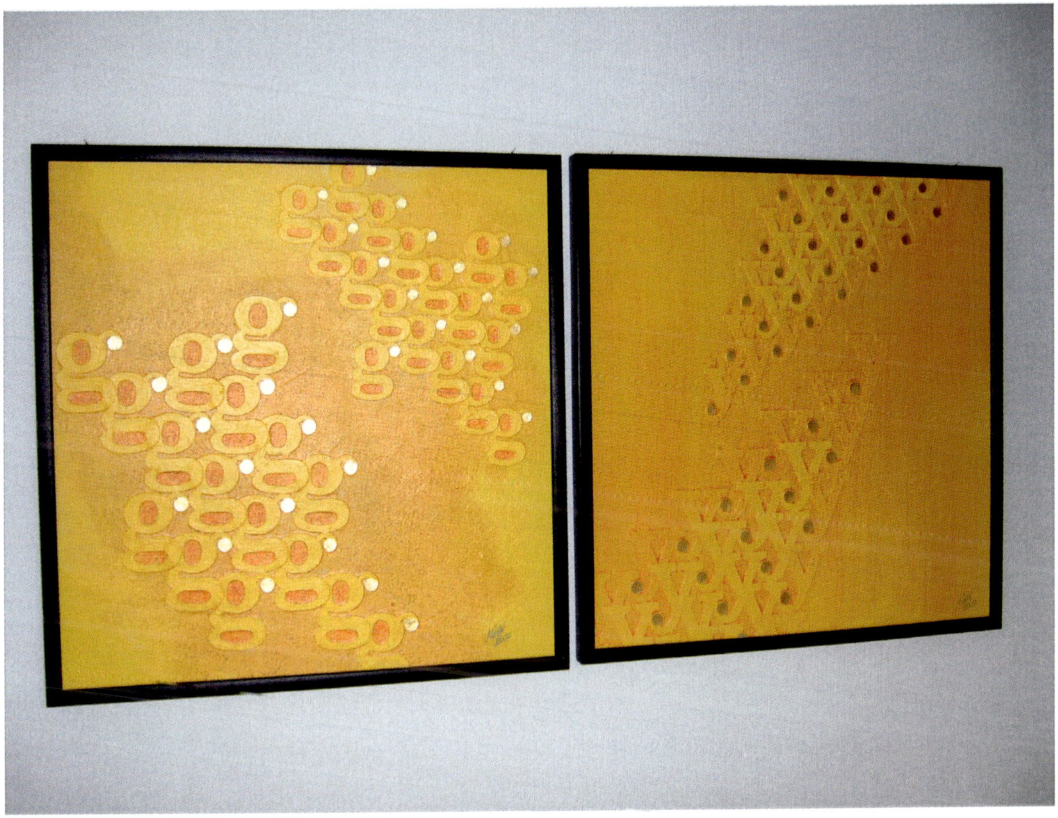

g & y in Gelb und Gold, 2 x 70x70 cm, Buchstaben-Collage, Spachtel, Acryl, Blattgold auf Hartfaser

Wortwörtlich, 100x100 cm, Wort-Collage, Zeitungsausschnitte, Acryl auf Leinwand

Wort für Wort, 100x100 cm, Wort-Collage, Zeitungsausschnitte auf Leinwand

Wortreich, 100x100 cm, Wort-Collage, Zeitungsausschnitte, Acryl auf Leinwand

2018 – Wort für Wort, 100x100 cm, Wort-Collage, Zeitungsausschnitte, Acryl auf Leinwand

Zu meiner Zeit lebten, 100x100 cm, Wort-Collage, PC-Ausdrucke, Acryl auf Leinwand

Wortwunder in Blau, 80x80 cm, Wort-Collage, Zeitungsausschnitt, Acryl auf Leinwand

Deutschland, deine Deutschen, 100x100 cm, Wort-Collage, PC-Ausdrucke auf Leinwand

Sie lebten von – bis, 100x100 cm, Wort-Collage, PC-Ausdrucke, Acryl auf Leinwand

Champions-League, 80x80 cm, Wort-Collage, PC-Ausschnitte, Acryl auf Leinwand

Unikat, 80x80 cm, Wort-Collage, PC-Ausdrucke, Acryl auf Leinwand

Die Liebe, 50x50 cm, Filzstift, Acryl auf Karton

...in der Nacht, 80x80 cm, Wort-Collage, Spachtel, Acryl auf Leinwand

...sagt die Kanzlerin, 80x80 cm, Buchstaben-Collage, Spachtel, Acryl auf Leinwand

Die Kanzlerin, 80x80 cm, Wort-Collage, Zeitungsausschnitte, Acryl auf Leinwand

Das Ende naht, 50x50 cm, 50 Jahre D-Mark, Collage, Spachtel, Acryl auf Hartfaser

Die harte DM, 50x50 cm, 50 Jahre D-Mark, Collage, Spachtel, Acryl auf Hartfaser

Abschied von der DM, 50x50 cm, 50 Jahre D-Mark, Spachtel,
Acryl Blattgold auf Hartfaser

Kopfgeld, 80x80 cm, Buchstaben-Collage, PC-Ausdrucke, Acryl auf Hartfaser

Es war einmal, 80x80 cm, Collage aus PC-Ausdrucken, Acryl auf Hartfaser

Wir sind ein Volk, 80x80 cm, Wort-Collage, PC- Ausdrucke, Acryl auf Leinwand

Deutschland einig Vaterland, 80x80 cm, Buchstaben-Collage, PC-Ausdrucke, Acryl auf Leinwand

Auferstanden aus Ruinen, 80x80 cm, Buchstaben-Collage, Acryl auf Leinwand

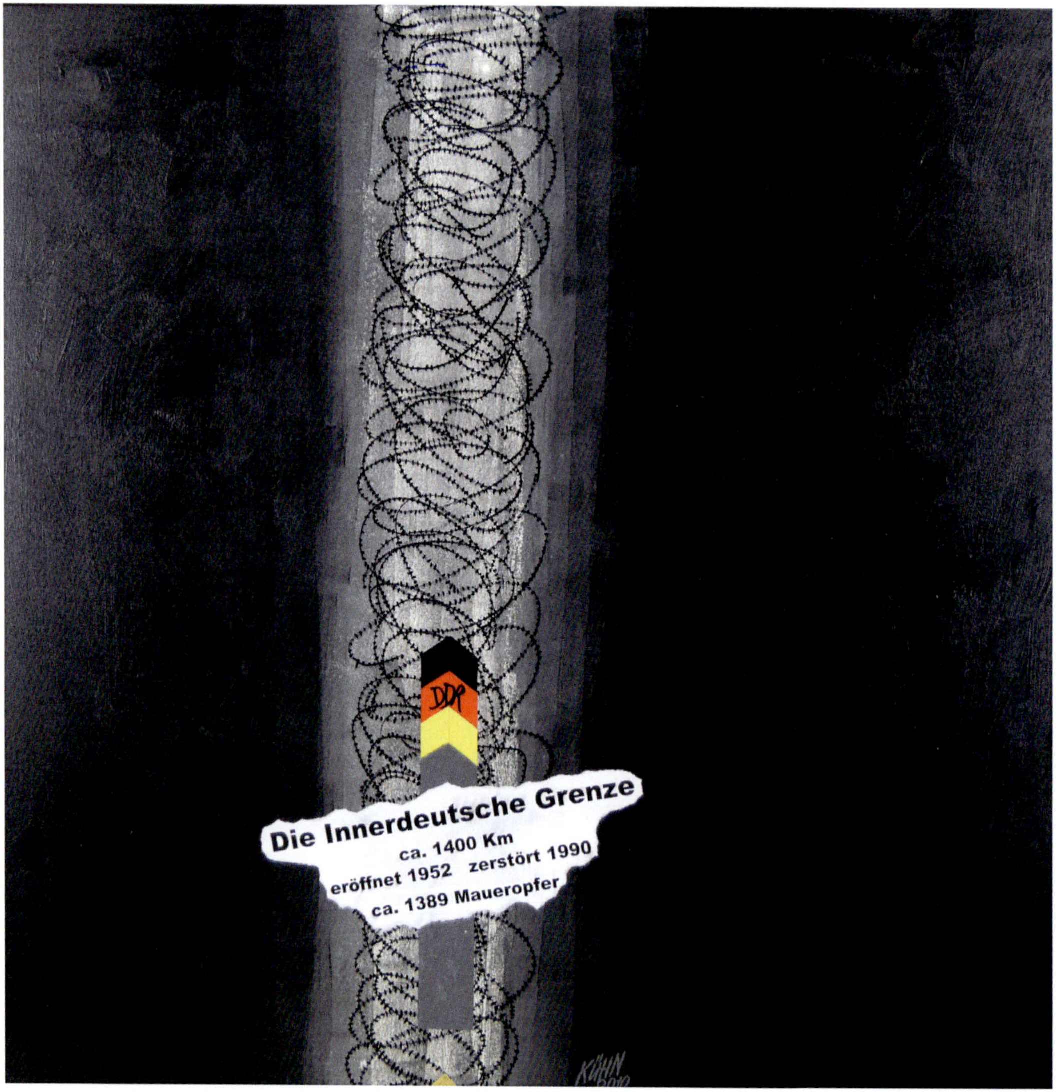

Die Todesgrenze, 80x80 cm, PC-Ausdruck, Filzstift, Acryl auf Leinwand

Die Maueröffnung, 100x100 cm, Wort-Collage, PC-Ausdrucke, Acryl auf Leinwand

Offen – der Eiserne Vorhang, 80x80 cm, Buchstaben Collage, Acryl auf Leinwand

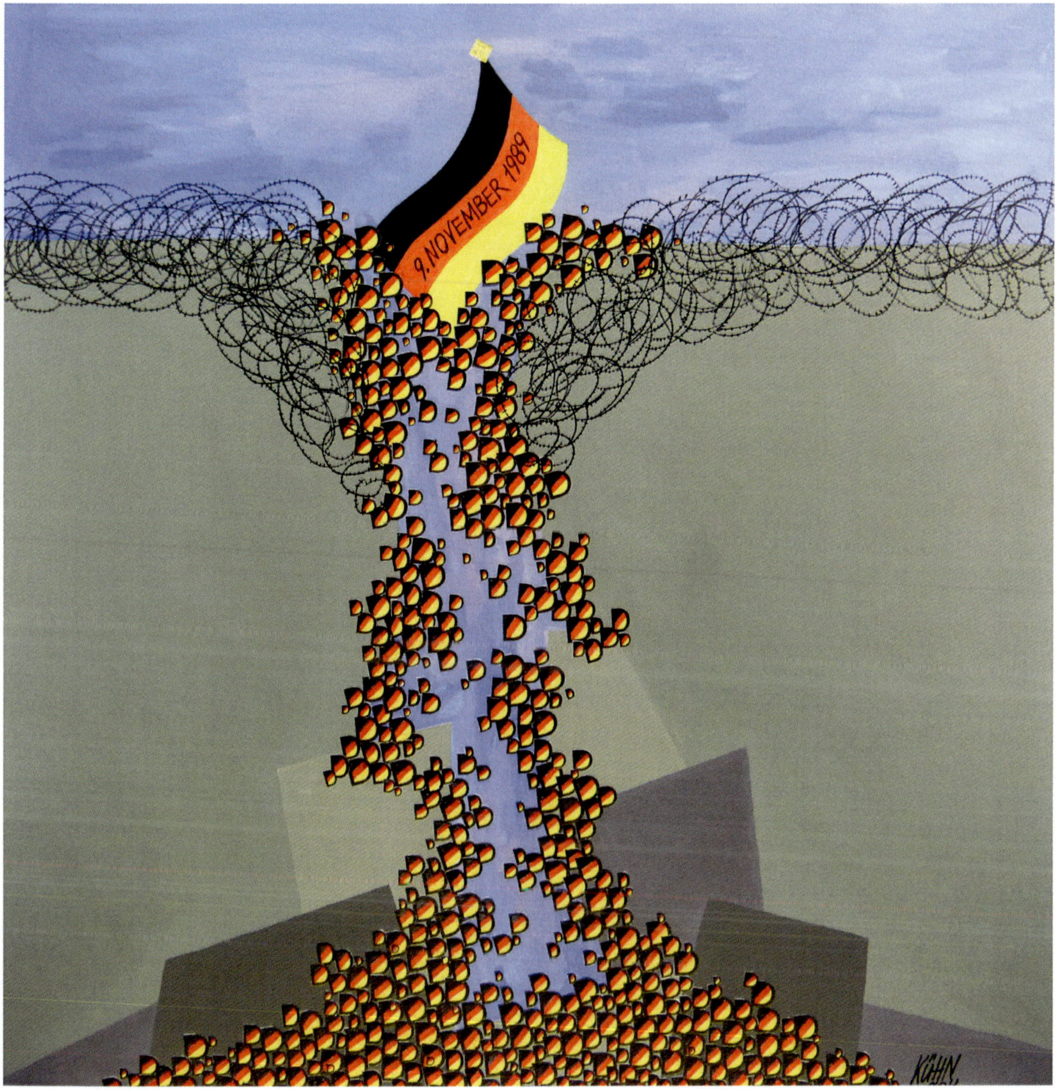

Offen für Alle, 100x100 cm, Buchstaben-Collage, PC-Ausdrucke, Acryl auf Leinwand

Der Untergang, 80x80 cm, Buchstaben-Collage, Spachtel, Acryl auf Leinwand

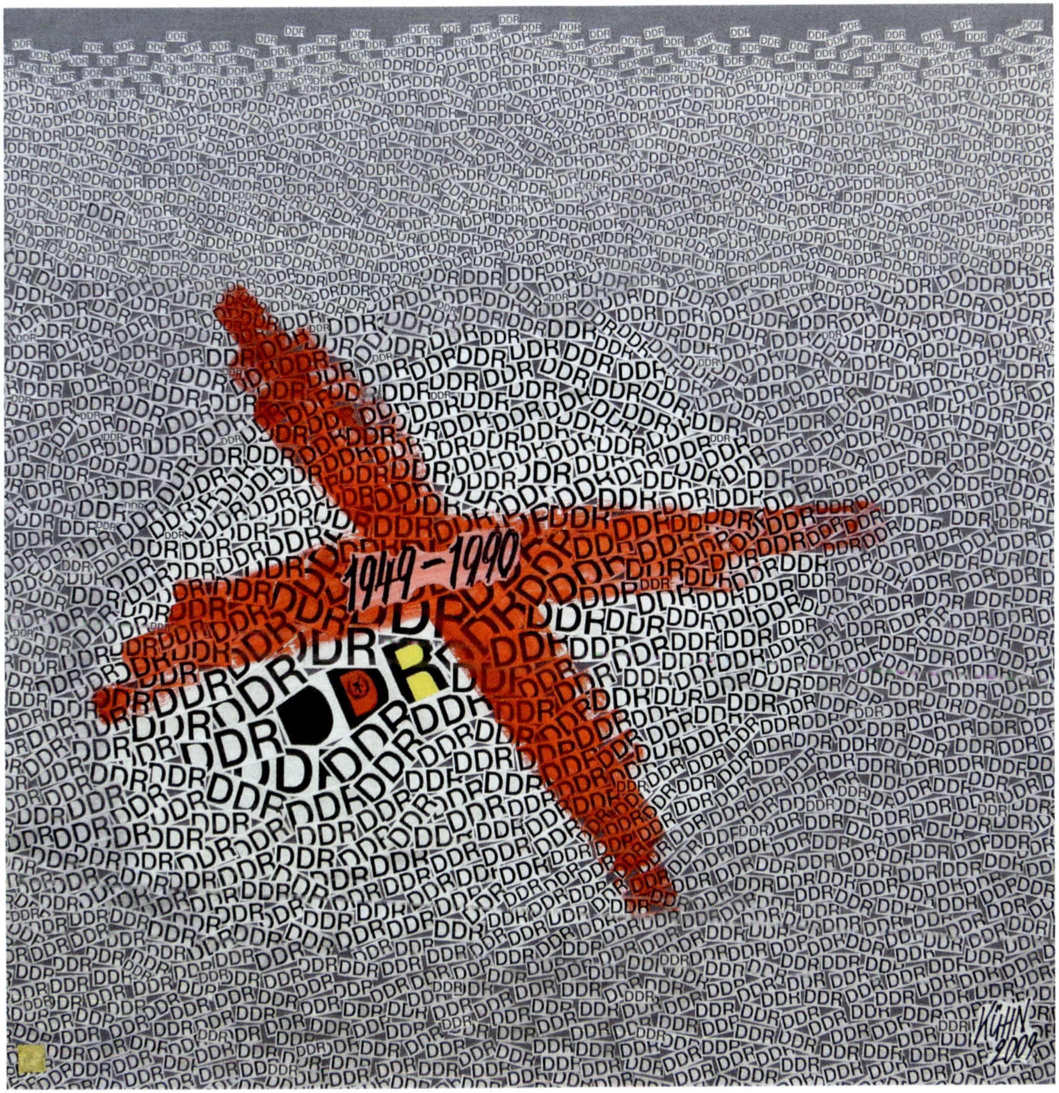

Das Ende, 80x80 cm, Buchstaben-Collage, PC-Ausdrucke,Acryl auf Leinwand

Chemnitz ist wieder da, 30x30 cm, Briefmarken-Collage
mit Marken von Briefen meiner Eltern aus der DDR

Der Deutsche Einheitsbaum, 80x80 cm, Buchstaben-Collage,
PC-Ausdrucke, Acryl auf Leinwand

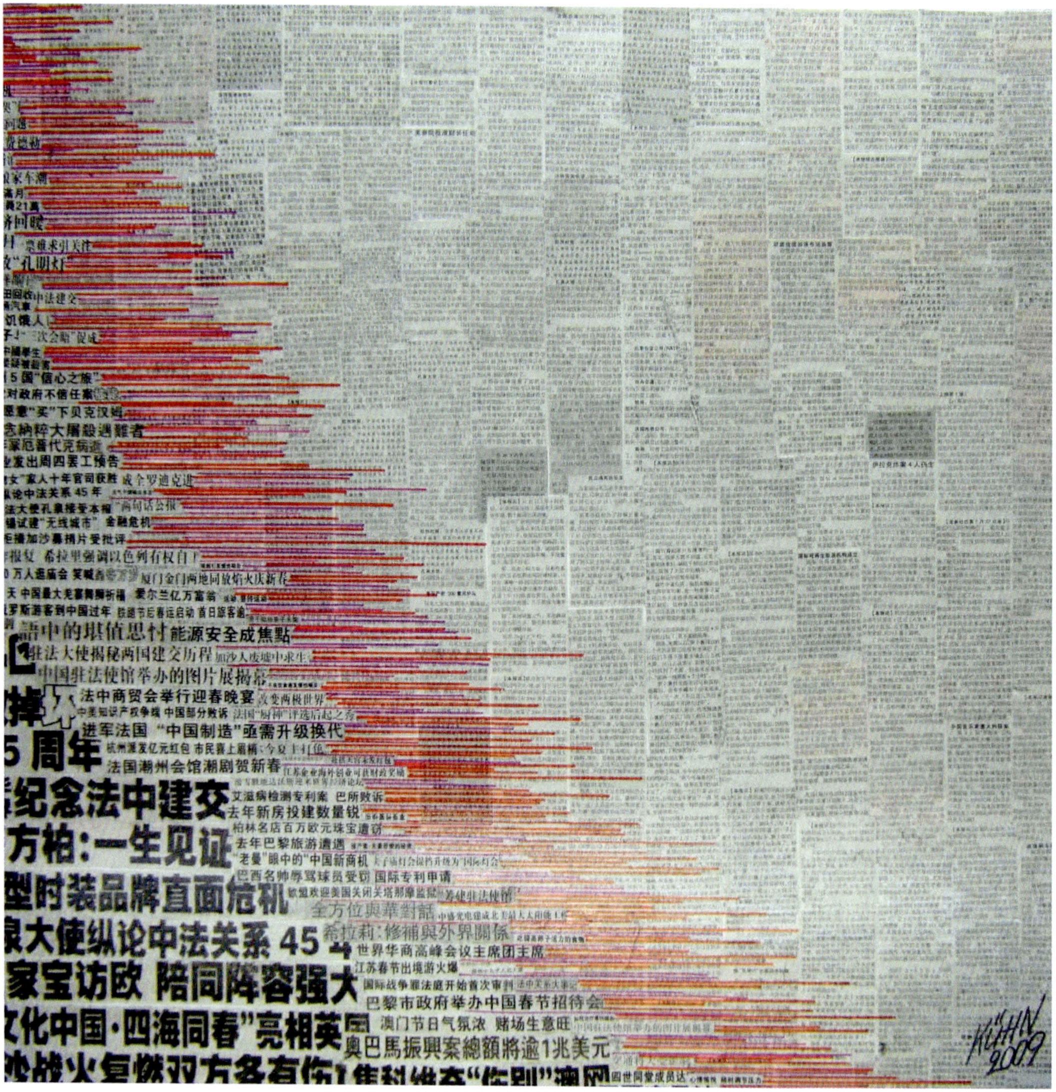

Zensur, 80x80 cm, Collage aus Zeitungsausschnitten, Filzstift auf Leinwand

Brot für die Welt, 80x80 cm, Unterschriften von Spendern,
Aktion im Neuen Schloss in Stuttgart, ersteigert für 400 €

Gold und Geld regieren die Welt, 80x80 cm, Wort-Collage aus Zeitungsausschnitten, Spachtel, Acryl auf Leinwand

Die Hoffnung ..., 80x80 cm, Wort-Collage, Spachtel, Acryl auf Leinwand

Terror in Paris, 80x80 cm, Wort-Collage aus Zeitungsausschnitten, Spachtel, Acryl auf Leinwand

Der Syrien-Krieg, 80x80 cm, Buchstaben-Collage aus PC-Ausschnitten, Spachtel, Acryl auf Leinwand

Millennium, 110x110 cm, Collage, Spachtel, Acryl auf Leinwand

Sei friedlich ! 80X80 cm, Buchstaben-Collage, PC-Ausdrucke, Spachtel, Acryl auf Leinwand

Die geteilte Stadt, 80x80 cm, Wort-Collage aus Zeitungsausschnitten, Acryl auf Leinwand

Martin Luther King, 80x80 cm, Wort-Collage, PC-Ausdruck, Spachtel, Acryl auf Leinwand

Gold und Geld, 80x80 cm, Buchstaben-Collage, PC-Ausdrucke, Spachtel, Acryl auf Leinwand

Geldsucht, 80x80 cm, Wort-Collage, Zeitungsausschnitte, Acryl auf Leinwand

Finanzlage in Schieflage, Wort-Collage aus Zeitungsausschnitten, Acryl auf Leinwand

Das Kapital, 80x80 cm, Wort-Collage aus Zeitungsausschnitten, Acryl auf Leinwand

Haben oder nicht Haben, 80x80 cm, Wort-Collage aus Zeitungsausschnitten, Acryl auf Leinwand

Die Krise 2009, 80x80 cm, Wort-Collage aus Zeitungsausschnitten, Acryl auf Leinwand

Die Euro-Krise, 80x80 cm, Buchstaben-Collage, PC-Ausdrucke, Acryl auf Leinwand

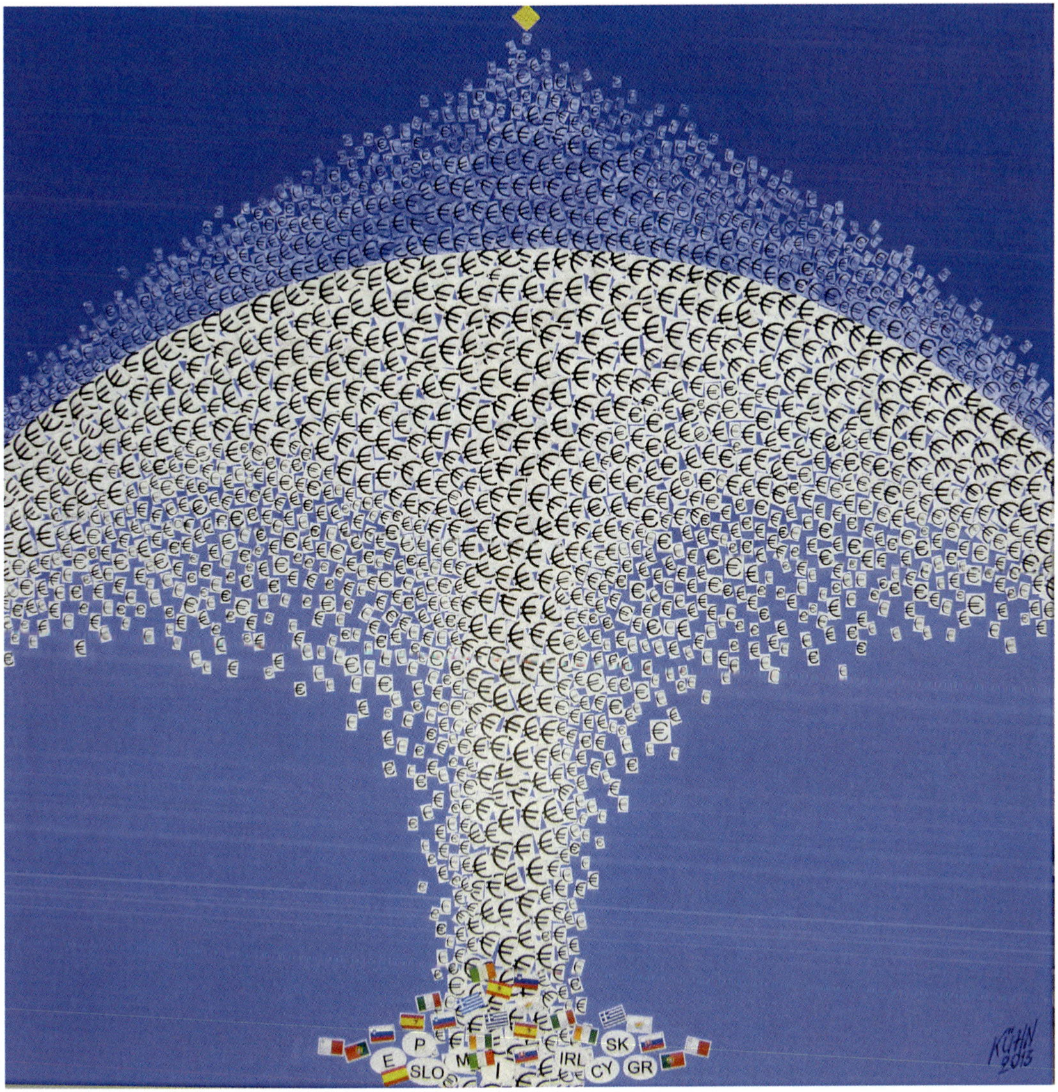

Der Euro-Rettungsschirm, 80x80 cm, Buchstaben-Collage aus PC-Ausdrucken, Acryl auf Leinwand

Rote Zahlen, 80x80 cm, Zahlen-Collage, Spachtel, Acryl auf Leinwand

Schwarze Zahlen, 80x80 cm, Zahlen-Collage, Spachtel, Acryl auf Leinwand

Falsche Fünfziger, 80x80 cm, Collage, PC-Ausdrucke, Acryl auf Leinwand

Die Flüchtlingswelle 2017, 80x80 cm, Wort-Collage aus Zeitungsausschnitten, Acryl auf Leinwand

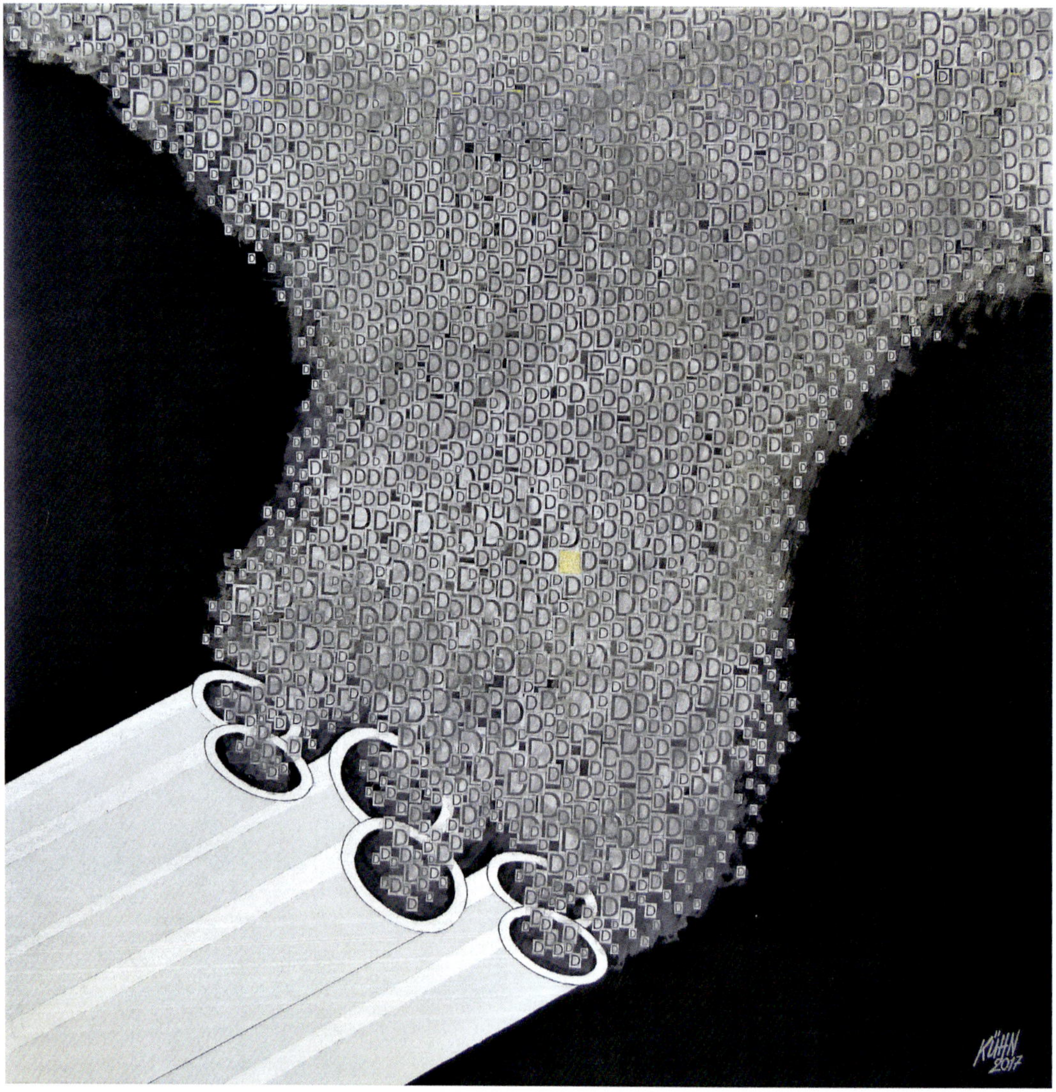

Das Diesel-Dilemma, 80x80 cm, Buchstaben-Collage aus PC-Ausdrucken, Acryl auf Leinwand

Der Müllberg ruft, 80x80 cm, Buchstaben-Collage aus PC-Ausdrucken, Acryl auf Leinwand

Die Energiewende, 80x80 cm, Wort-Collage aus Zeitungsausschnitten, Acryl auf Leinwand

Der Supergau, 100x100 cm, Wort-Collage aus Zeitungsausschnitten, Acryl auf Leinwand

Die Corona-Pandemie 2020, 80x80 cm, Wort-Collage aus Zeitungsausschnitten,
Acryl auf Leinwand

Kampf um König Kunde, 80x80 cm, Wort-Collage, Acryl auf Leinwand

Gut und Günstig, 80 x 80 cm, Buchstaben-Collage, PC-Ausdrucke, Acryl auf Leinwand

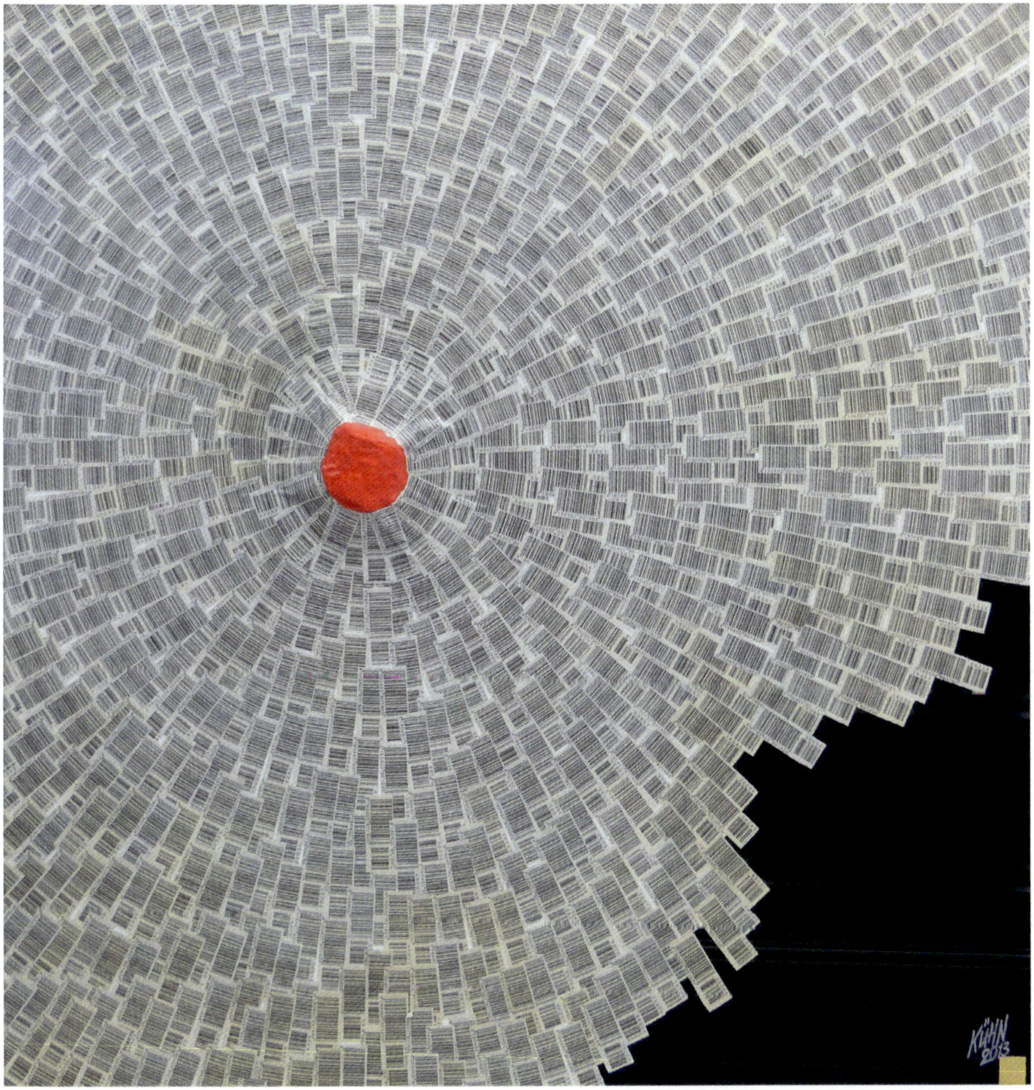

Preiserhöhung, 80x80 cm, Collage aus Zeitungsausschnitten, Acryl auf Leinwand

Pressefreiheit, 80x80 cm, Collage aus Zeitungsausschnitten, Acryl auf Leinwand

Selbstbildnis

Ich lebe noch, 80x80 cm, Buchstaben-Collage, Spachtel, Acryl auf Leinwand

Mit dieser Bilderauswahl möchte ich den Kunstliebhabern unter den Lesern einen Einblick in mein künstlerisches Schaffen geben. Es sind die Produkte der vergangenen 22 Jahre, aus einem Viertel meiner Lebenszeit. Mit viel Eifer und Freude habe ich jedes Bild gefertigt, habe ich jeden Buchstaben und jedes Wort geklebt.

Zufrieden blicke ich auf meine Rentner-Jahre zurück. Und ich habe die Hoffnung und den Traum, doch noch etwas Bleibendes geschaffen zu haben. Ob es bleibend ist, werde ich wohl nicht mehr erfahren, aber damit kann ich jetzt leben